Suchen und lernen

Suchrätsel und Übungen zu

22 Themen

Gisela Darrah

Herstellung und Verlag:
BoD - Books on Demand, Norderstedt
ISBN 978-3-8391-6799-1

Inhaltsverzeichnis

V	F	S	E	K	U	N	D	E	R	Z	U	S	A	S
Q	D	T	A	G	H	G	I	H	J	K	M	O	I	O
F	R	U	E	H	R	E	E	T	I	M	O	N	A	T
A	S	N	H	A	L	B	N	D	M	G	N	N	U	F
B	N	D	M	P	Z	O	S	P	A	E	T	T	G	R
E	R	E	M	I	N	U	T	E	E	M	A	A	U	E
N	V	Q	I	D	F	J	A	H	R	O	G	G	S	I
D	I	W	T	E	R	T	G	Z	Z	R	I	U	T	T
G	E	S	T	E	R	N	D	F	G	G	K	O	P	A
J	R	J	W	M	I	T	T	A	G	E	X	C	G	G
U	T	U	O	J	A	N	U	A	R	N	Y	F	H	J
N	E	L	C	N	A	C	H	M	I	T	T	A	G	K
I	L	I	H	E	U	T	E	F	A	P	R	I	L	O
V	O	R	M	I	T	T	A	G	R	V	C	B	F	R
L	K	S	E	P	T	E	M	B	E	R	V	N	C	V

Ä = AE   Ö = OE   Ü = UE

Finde 30 Wörter zum Thema „**Die Zeit messen**". Schreibe die Wörter in Groß – und Kleinbuchstaben und mit Umlaut, also in normaler Schreibweise, ins Heft.

1. Beantworte die Fragen:

A. Wie viele Tage hat die Woche? ....

B. Wie viele Wochen hat das Jahr? ....

C. Wie viele Minuten hat die Stunde? ....

D. Wie viele Stunden hat der Tag? ....

E. Wie viele Tage hat das Jahr? ....

F. Wie viele Sekunden hat die Minute? ....

G. Wie viele Monate hat das Jahr? ....

H. Heute ist Dienstag. Was war gestern? ....

I. Morgen ist Freitag. Was ist heute? ....

J. Heute ist Samstag. Was ist morgen? ....

K. Heute ist Montag. Was ist übermorgen? ....

L. Heute ist Sonntag. Was war vorgestern? ....

2. Wie heißt das Gegenteil?

A. früh - ....

B. der Morgen - ....

C. der Nachmittag - ....

D. der Tag - ....

E. gestern - ....

3. Setze diese Wörter an den passenden Stellen ein:

Dezember   Nachmittag   Montag   spät

  Freitag   April   Uhr   Monat

A. Wenn der ....auf einen dreizehnten fällt, denken manche

   Leute, das bringt Unglück.

B. Das Wochenende ist vorbei. Am ....beginnt die Arbeit wieder.

C. Hoffentlich schneit es im .... Wir haben so gern weiße

   Weihnachten.

D. Es ist schon so spät. Schau mal auf die .... Wir müssen uns

   beeilen.

E. Vormittags arbeite ich immer. Ich habe nur am .... Zeit.

F. Am ersten ....machen meine Schüler immer Witze mit mir.

G. Warum kommst du so ....? Immer bist du unpünktlich!

H. In welchem ....hast du Geburtstag? – Im Februar.

4. Wie sagt man in der Umgangssprache? Schreibe wie im Beispiel:

Beispiel: 9 Uhr 30 =   halb zehn

A. 7 Uhr 15 = ...

B. 13 Uhr 45 = ...

C. 17.30 = ...

D. 15 Uhr 15 = ...

E. 6 Uhr 30 = ...

F. 20 Uhr 15 = ...

G. 23 Uhr 30 = ...

R	S	S	A	W	B	S	P	O	R	T	V	C	S	Y
P	C	O	M	P	U	T	E	R	R	L	E	S	E	N
I	H	U	I	O	F	U	E	L	L	E	R	A	L	G
B	U	C	H	G	H	H	E	F	T	J	S	T	P	R
F	L	D	K	W	R	L	T	A	A	Y	C	L	A	A
N	T	F	E	R	I	E	N	B	F	J	H	A	U	M
M	A	E	P	P	C	H	E	N	E	T	U	S	S	M
D	S	P	I	E	L	G	B	I	L	D	E	R	E	A
S	C	H	R	A	N	K	L	D	E	N	L	A	W	T
Z	H	I	L	E	H	R	E	R	U	P	E	T	R	I
R	E	C	H	N	E	N	I	T	R	R	R	F	D	K
N	O	T	E	N	Y	Q	S	P	I	T	Z	E	R	B
P	L	E	R	N	E	N	T	I	S	C	H	U	M	N
Y	F	S	D	R	A	D	I	E	R	G	U	M	M	I
Q	S	I	N	G	E	N	F	Y	M	A	L	E	N	B
K	U	L	I	Z	M	A	T	H	E	S	X	C	R	F

Ä = AE   Ö = OE   Ü = UE

Finde 30 Wörter zum Thema **Schule**. Schreibe die Wörter in Groß- und Kleinbuchstaben und mit Umlaut, also in normaler Schreibweise ins Heft.

1. Welches Verb passt? Man kann Verben mehrmals verwenden.

schreiben, lesen, machen, bekommen, malen, sitzen, lernen

Man kann …

...Sport ....

...ein Buch ....

...Mathematik ....

...ein Spiel ....

...Noten ....

...Pause ....

...Grammatik ....

...ins Heft ....

… Bilder ....

...auf dem Stuhl ....

...mit dem Bleistift ....

2. Wie heißt der Artikel? Schreibe der, die oder das:

.... Computer, ... Buch, ... Stuhl, ...Heft,

.... Spitzer, ... Grammatik, ... Sport, ... Tisch,

.... Füller, ...Spiel, ...Radiergummi, ...Kuli,

................Mäppchen, ... Schrank, ...Lehrer, ...Tafel,

................Pause, ...Schultasche, ...Bild, ...Schüler

3. Wie heißt das Wort?

A. Da sind alle Schulsachen drin. (aeSchschult) ....

B. Dort findest du alle Länder der Erde. (sAlat) ....

C. Sie hängen an der Wand. (reBild) ....

D. Wenn wir viel gelernt haben, brauchen wir sie unbedingt. (uaseP) ....

E. Wir bekommen sie zweimal im Jahr. (netoN) ....

F. Da wird der Bleistift wieder spitz. (reSiptz) ....

G. Im Sommer dauern sie sechs Wochen. (nerieF) ....

H. Der Lehrer schreibt darauf. (leTaf) ....

4. Was passt zusammen? Bilde 12 Komposita (zusammengesetzte Nomen) aus diesen Wortteilen:

Schul- (6 mal)   -schule (6 mal)   -tasche   Real-   -buch

    -heft   -aufgaben   Haupt-   Grund-   -ferien

-sport   Abend-   Volkshoch-   Berufs-

....

....

....

....

....

....

W	A	S	S	E	R	S	P	O	R	T	J	C	M	P
F	A	H	R	R	A	D	Q	W	F	R	U	M	E	T
S	C	H	W	I	M	M	B	A	D	H	D	A	I	S
C	S	E	G	E	L	B	O	O	T	E	O	N	S	C
H	K	R	T	R	A	I	N	E	R	I	R	N	T	H
W	I	F	S	I	E	G	E	R	B	S	I	S	E	I
I	P	N	P	D	J	T	B	K	O	K	N	C	R	E
M	I	H	O	C	K	E	Y	H	X	U	G	H	S	D
M	S	Q	R	W	F	N	L	K	E	N	E	A	C	S
E	T	Q	T	S	D	N	E	N	N	S	N	F	H	R
R	E	J	L	U	P	I	H	T	R	T	O	T	A	I
U	S	I	E	F	U	S	S	B	A	L	L	H	F	C
S	P	O	R	T	P	L	A	T	Z	A	Y	A	T	H
Z	R	E	I	T	E	N	S	D	B	U	M	N	A	T
W	I	N	D	S	U	R	F	E	N	F	P	D	F	E
A	N	G	E	L	N	W	W	E	E	Z	I	B	S	R
T	G	E	G	N	E	R	F	D	R	T	A	A	T	V
B	E	R	G	S	T	E	I	G	E	N	D	L	A	C
R	R	E	W	Q	D	F	G	H	Z	U	E	L	R	X
I	O	S	C	H	I	E	S	S	E	N	O	P	T	Y

Ä = AE   Ö = OE   Ü = UE

Finde 30 Wörter zum Thema **Sport**. Schreibe die Wörter mit Groß- und Kleinbuchstaben und mit Umlaut, also in normaler Schreibweise ins Heft.

1. Was passt zusammen? Schreibe die Wortpaare:

Reiten   Hallenbad   Wurm   Skilaufen   Kletterseil

Tennis   Fahrrad   Pferd   Schießen   Piste

Boxen   Angeln   Schläger   Klingel   Fußball   Ring

Schwimmen   Gewehr   Bergsteigen   Tor

1. ....

2. ....

3. ....

4. ....

5. ....

6. ....

7. ....

8. ....

9. ....

10. ....

2. Was ist das?

1. Dort kann man im Freien Sport machen. (plotzSptar) ....

2. Er übt einen Sport mit einem oder mehreren Sportlern. Er sagt ihnen, wie man am

   besten üben kann. (aiTrern) ....

3. Er sorgt dafür, dass die Regeln eingehalten werden. Beim Fußball zeigt er

   manchmal eine rote oder gelbe Karte. (riSchtechiedsr) ....

   4. Fast alle Länder der Erde nehmen an diesem sportlichen Wettbewerb teil.

   (iapOdelym) ....

5. Dieses Boot hat keinen Motor. Nur der Wind treibt es an. (ooSebtgel)

....
...

6. Zwei Sportler kämpfen gegeneinander. Manchmal gibt es blaue Augen oder

gebrochene Nasen. (oxenB) ....

7. Menschen laufen auf Schlittschuhen auf dem Eis. Sie drehen sich zur Musik.

(aufkuEisnstl) ....

8. Die Sportler tragen dicke Schutzkleidung. Sie laufen auf dem Eis und versuchen,

eine kleine Scheibe in das Tor des Gegners zu schieben. (yoHeck) ....

4. Ergänze die Tabelle:

Sport	Person (männlich)	Person (weiblich)
der Eiskunstlauf	der Eiskunstläufer	die Eiskunstläuferin
das Radfahren		
das	der Reiter	
		die Surferin
das	der Angler	
das Bergsteigen		
das Boxen		
		die Schwimmerin
das Tennisspielen		
das Skilaufen		

13

D	R	A	D	A	R	K	O	N	T	R	O	L	L	E
C	K	I	N	D	E	R	S	I	T	Z	F	A	I	F
K	O	F	F	E	R	R	A	U	M	J	H	N	C	A
Z	Y	L	I	N	D	E	R	K	O	P	F	D	H	H
K	P	N	A	V	I	G	A	T	O	R	H	S	T	R
L	O	E	L	F	I	L	T	E	R	K	U	T	M	S
I	L	V	O	R	F	A	H	R	T	F	P	R	A	C
M	I	T	A	N	K	S	T	E	L	L	E	A	S	H
A	Z	A	N	H	A	E	N	G	E	R	A	S	C	U
A	I	I	B	E	N	Z	I	N	D	T	M	S	H	L
N	S	R	Z	A	U	S	P	U	F	F	P	E	I	E
L	T	B	G	A	S	P	E	D	A	L	E	F	N	N
A	S	A	J	S	T	R	A	S	S	E	L	S	E	P
G	D	G	L	T	K	J	H	G	F	B	A	D	G	V
E	A	S	D	O	C	L	E	N	K	R	A	D	J	H
Y	X	K	U	P	P	L	U	N	G	E	L	I	U	G
M	N	V	B	P	A	R	K	E	N	M	O	T	O	R
S	C	H	I	L	D	E	R	R	T	S	Z	U	I	O
K	A	U	T	O	B	A	H	N	C	E	X	D	B	J
S	T	R	A	F	Z	E	T	T	E	L	L	E	A	X

Ä = AE   Ö = OE   Ü = UE

Finde 30 Wörter zum Thema **Autofahren**. Schreibe die Wörter mit Groß- und
Kleinbuchstaben und mit Umlaut, also in normaler Schreibweise ins Heft.

1. Ergänze Wörter aus dem Suchrätsel:

A. Vera möchte eine Reise machen. Sie hat viel Gepäck. Das legt sie in den

_ _ _ _ _ _ _ _ _.

B. Die Ampel ist grün. Der Wagen vor mir fährt nicht. Ich drücke auf die _ _ _ _.

C. Waldemar möchte den Führerschein machen. Er geht zur _ _ _ _ _ _ _ _ _.

D. Ali fährt zu schnell. Er muss Strafe bezahlen, weil die _ _ _ _ _ _ _ _ _ _ _ _ _

ihn geblitzt hat.

E. Marion möchte einkaufen gehen. Aber sie findet keinen Parkplatz. Nirgends kann

sie _ _ _ _ _ _!

F. Sergej will mich besuchen. Er kennt den Weg nicht. Deshalb schaltet er den

_ _ _ _ _ _ _ _ _ ein.

G. Hatice kommt von rechts, deshalb hat sie _ _ _ _ _ _ _ _.

2. Was passt zusammen? Schreibe die Wortpaare:

die Tankstelle   Geldstrafe   die Radarkontrolle   anhalten der Kindersitz

rot   der Strafzettel   Benzin   drehen   Kind   die Ampel   kühl

der Auspuff   Blitz   das Lenkrad   die Kupplung   die Bremse

schalten   die Klimaanlage   Abgase

1. ....

2. ....

3. ....

4. ....

5. ....

6. ....

7. ....

8. ....

9. ....

10. ....

3. Was ist das?

a. Das hängt am Wagen dran. (erAngähn) ....

b. Dort fahren die Autos. (ßetraS) ....

c. Damit kann ich lenken. (adkrLen) ....

d. Damit kann man schalten. (ngKuulpp) ....

e. Ohne ihn fährt kein Auto. (roMot) ....

f. Es gibt viele am Straßenrand. (reSchlid) ....

g. Dort darf man schnell fahren. (nahAubto) ....

h. Manchmal regelt er den Verkehr. (stiPozil) ....

i. Bei einem Unfall kann er helfen. (gabrAi) ....

j. Sie ist grün, gelb oder rot. (lepAm) ....

k. Sie verbindet kleine Städte. (ßeLastrand) ....

l. Man muss anhalten. (ppSto) ....

4. Ist das richtig? Schreiben Sie ja oder nein.

A. Im Kofferraum dürfen auch Leute sitzen. ....

B. Auf der Landstraße darf man sehr schnell fahren. ....

C. Die Radarkontrolle macht ein Foto. ....

D. In der Fahrschule lernt man die deutsche Sprache. ....

E. Die Abgase kommen aus dem Auspuff. ....

R	W	Q	S	T	R	U	E	M	P	F	E	A	F	J
O	H	R	R	I	N	G	E	S	V	H	J	Z	I	H
C	E	B	W	S	D	U	C	C	N	B	K	L	P	A
K	M	M	N	C	Z	E	J	H	O	S	E	T	R	N
S	D	K	G	D	B	R	A	U	T	K	L	E	I	D
T	J	K	P	E	C	T	C	H	U	T	S	S	N	S
I	M	R	Y	W	T	E	K	Z	L	H	C	C	G	C
E	M	A	N	T	E	L	E	P	D	G	H	H	S	H
F	A	W	K	O	P	F	T	U	C	H	U	L	A	U
E	N	A	O	W	R	G	S	N	S	A	E	A	N	H
L	Z	T	S	C	B	K	L	T	H	L	R	F	D	E
R	U	T	T	Z	C	V	M	E	O	S	Z	A	A	W
W	G	E	U	X	Y	N	R	R	R	K	E	N	L	T
T	Z	R	E	W	B	V	X	H	T	E	N	Z	E	M
R	A	R	M	B	A	N	D	E	S	T	R	U	N	K
B	I	K	I	N	I	J	K	M	L	T	S	G	D	J
L	S	O	C	K	E	N	N	D	P	E	W	T	F	M
U	W	C	B	R	O	S	C	H	E	G	P	J	R	M
S	P	O	R	T	A	N	Z	U	G	Y	Z	U	R	W
E	A	R	B	E	I	T	S	S	C	H	U	H	E	M

Ü = UE

Finde 30 Wörter zum Thema **Kleidung und Schmuck.**
Schreibe die Wörter ins Heft.

1. Ordne die Wörter aus dem Suchrätsel nach dem Artikel:

Singular:

der: ....

....

....

die: ....

....

das: ....

....

Plural: die: ....,

....

2. Ergänze Wörter aus dem Suchrätsel:

A. Viele muslimische Frauen tragen ein _ _ _ _ _ _ _ _ .

B. Die Hausfrau möchte beim Kochen oder Putzen ihre Kleidung nicht schmutzig

machen. Deshalb trägt sie eine _ _ _ _ _ _ _.

C. Monika heiratet. Sie trägt ein schönes, weißes _ _ _ _ _ _ _ _ _ _.

D. Im Winter trägt Anna _ _ _ _ _ _ _ an den Füßen und _ _ _ _ _ _ _ _ _ _ an den

Händen.

E. Elena liegt am Strand in der Sonne. Sie will braun werden und trägt einen

_ _ _ _ _ _.

F. Peter arbeitet bei einer Bank. Er trägt einen schwarzen _ _ _ _ _, ein weißes

_ _ _ _ und eine bunte _ _ _ _ _ _ _ _.

G. Das ist ein anderes Wort für Pyjama. _ _ _ _ _ _ _ _ _ _ _

18

H. Ich habe abgenommen. Ich muss ein neues Loch in meinen _ _ _ _ _ machen.

I. Männer tragen ein Hemd, Frauen eine _ _ _ _ _.

J. Olga ist jetzt verlobt. Ihr Freund hat ihr einen goldenen _ _ _ _ gekauft.

3. Was ist das?

1. Ich trage sie an den Beinen. (ümpStrfe) ....

2. Sie hängen an den Ohren. (geOhrrin) ....

3. Damit gehe ich joggen. (ugSpanortz) ....

4. Bei der Arbeit geben sie den Füßen Sicherheit. (heArtsbeiusch) ....

5. Frauen tragen einen Rock und eine passende Jacke.(ümsKot) ....

6. Manche tragen es unter der Kleidung. (terheUnmd) ....

7. Im Sommer müssen die Füße nicht schwitzen.(lenanSda) ....

8. Viele Frauen tragen sie um den Hals. (tteHakels) ....

4. Richtig oder falsch? Schreibe ja oder nein:

1. Im Winter tragen wir Sandalen. ....

2. Männer tragen eine Bluse. ....

3. Handschuhe trägt man auch zur Arbeit. ....

4. Viele Leute tragen zum Karneval einen Hut. ....

5. Der Schlafanzug ist oft aus Baumwolle. ....

6. In der Schule muss man Anzug und Krawatte tragen. ....

7. Der Bräutigam trägt ein Brautkleid. ....

8. Männer und Frauen tragen Jacken. ....

W	T	U	R	N	U	D	E	L	O	P	M	Y	F	X
A	P	F	E	L	M	Z	K	T	P	L	K	R	L	D
Q	A	W	I	B	N	F	I	S	C	H	R	T	E	E
E	P	V	S	A	H	N	E	Z	D	C	B	P	I	L
D	A	T	H	N	W	U	R	S	T	K	E	K	S	E
H	Y	L	W	A	Q	S	Y	L	T	M	I	L	C	H
S	A	F	T	N	B	R	E	Z	E	L	G	P	H	O
E	R	B	N	E	I	E	R	M	V	M	E	R	Z	W
S	C	H	O	K	O	L	A	D	E	E	R	B	S	E
A	Z	B	R	B	V	T	F	P	S	H	G	F	K	I
L	M	K	A	R	T	O	F	F	E	L	U	A	A	N
Z	N	E	N	O	Q	M	B	N	U	P	T	N	R	Z
M	D	Y	G	T	C	A	L	H	J	P	R	A	O	M
T	Z	V	E	C	E	T	B	O	H	N	E	N	T	P
W	K	A	F	F	E	E	R	N	S	A	L	A	T	B
F	N	M	I	N	E	R	A	L	W	A	S	S	E	R

Finde 30 Wörter zum Thema **Lebensmittel**. Schreibe die Wörter mit Groß- und Kleinbuchstaben, also in normaler Schreibweise ins Heft.

1. Ordne die Wörter aus dem Suchrätsel in die Tabelle ein:

Obst	Gemüse	Getränke	Teigwaren Getreide Backwaren	Milchprodukte Sonstiges

2. Ordne auch diese Lebensmittel in die Tabelle ein:

Kuchen, Birne, Cola, Blumenkohl, Aubergine, Hähnchen, Brötchen, Joghurt, Öl,
Zitrone, Mandarine, Melone, Radieschen, Käse

3. Ordne die Wörter nach dem Artikel. Verwende die Wörter im Singular:

der: ....

....

die: ....

....

....

das: ....

....

....

4. Was stimmt hier nicht? Wie passen die Teile besser zusammen?

1. Kaffeesaft ....

2. Tomatenwein ....

3. Milchfleisch ....

4. Rotsalat ....

5. Rindschokolade ....

6. Apfeltasse ....

5. Setze diese Wörter an den passenden Stellen ein:

Zitrone   Banane   Nudeln   Fleisch   Salz   Brötchen

    Käse   Wein   Fisch   Schokolade

A. Sonntags zum Frühstück esse ich gern frische _ _ _ _ _ _ _ _ _ .

B. Ich bin Vegetarier. Deshalb esse ich kein _ _ _ _ _ _ _ .

C. Möchten Sie ein Glas _ _ _ _ ? – Nein, danke. Ich trinke keinen Alkohol.

D. Wie machst du den Salat? Nimmst du Essig oder _ _ _ _ _ _ _ ?

E. Welche _ _ _ _ _ _ _ _ _ _ isst du am liebsten? – Alpenmilch.

F. Das Lieblingsessen meiner Kinder ist _ _ _ _ _ _ mit Tomatensoße.

G. In der Suppe ist zu wenig _ _ _ _ . Sie schmeckt fad.

H. Was möchtest du auf das Brot? Wurst oder _ _ _ _ ?

I. Der Affe isst am liebsten eine _ _ _ _ _ _ .

J. Im Urlaub fahre ich ans Meer. Dort kann ich frischen _ _ _ _ _ essen.

S	C	H	N	E	I	D	E	R	B	T	N	R	W	Q
W	B	N	A	M	E	C	H	A	N	I	K	E	R	L
S	C	H	R	E	I	N	E	R	O	S	B	F	A	K
C	Y	C	Z	R	D	P	G	H	T	C	A	L	R	B
H	S	D	T	K	J	O	Z	T	A	H	E	I	C	A
W	X	M	C	V	N	L	M	K	R	L	C	E	H	U
E	L	E	K	T	R	I	K	E	R	E	K	S	I	I
I	D	T	O	I	E	Z	E	M	Z	R	E	E	T	N
S	A	Z	C	E	C	I	L	A	J	K	R	N	E	G
S	C	G	H	R	H	S	L	U	F	G	H	L	K	E
E	H	E	F	A	T	T	N	R	A	S	D	E	T	N
R	D	R	G	R	S	H	E	E	T	R	E	G	W	I
H	E	V	C	Z	A	B	R	R	B	A	U	E	R	E
A	C	B	M	T	N	F	R	I	S	E	U	R	L	U
U	K	V	X	N	W	T	P	T	M	Z	P	L	K	R
S	E	R	K	R	A	F	T	F	A	H	R	E	R	T
F	R	W	P	I	L	O	T	Z	L	L	S	H	J	K
R	K	A	P	I	T	A	E	N	E	F	D	R	M	N
A	D	W	N	G	L	A	S	E	R	W	B	E	N	V
U	N	B	W	S	C	H	L	O	S	S	E	R	B	N

Ä = AE

Finde 30 Wörter zum Thema **Berufe**. Schreibe die Wörter mit Groß- und Kleinbuchstaben und mit Umlaut, also in normaler Schreibweise ins Heft.

1. Wer macht was? Ordne zu.

1. Schreiner 2. Bauer 3. Pilot 4. Hausfrau 5. Arzt 6. Polizist 7. Kellner 8. Bäcker, 9. Fliesenleger 10.Lehrer

A. backen B. verlegen C. ernten D. unterrichten E. untersuchen F. sägen G. verhaften H. fliegen I. bedienen J bügeln

1	2	3	4	5	6	7	8	9	10

2. Welcher Beruf ist das? Zwei Wörter passen nicht. Streiche sie durch:

1. pflügen, ernten, Tiere, füttern, Traktor, Rennwagen, Pflanzenschutzmittel, basteln

Beruf: ……………………………………………

2. kochen, messen, verlegen, Wasserwaage, Schneidemaschine, Gabel, Kleber

Beruf: ……………………………………………

3. Tatort, Pistole, Gefängnis, Fön, Haarbürste, Handschellen, Blaulicht, Mörder

Beruf: …………………………………………..

4. Medikamente, Untersuchung, Spritze, Pflaster, Zement, Dachziegel, Blutdruck

Beruf: ……………………………………………

5. Schleifmaschine, Bohrmaschine, Nähmaschine, Holz, Hammer, Mixer, Sandpapier

Beruf: ……………………………………………

6. putzen, Kochtopf, Büro, einkaufen, Wäsche, Kasse, Mittagessen, aufräumen

Beruf: ……………………………………………

3. Wie heißt der Beruf?

1. Er arbeitet in einer Werkstatt oder Fabrik. Er kann Maschinen reparieren.

(reMakechni) ....

2. Er kann gut klettern und ist schwindelfrei. Er kommt, wenn ein Haus fast fertig ist oder wenn das Dach kaputt ist.

(chckreDade) ....

3. Er zeichnet Pläne für ein neues Haus oder ein anderes Gebäude.

(ichrekAtt) ....

4. Er fährt lange Strecken mit dem LKW. Er transportiert Waren.

(rerahftfKra) ....

5. Er arbeitet auf einem Schiff. Er ist der Chef.

(näpiKat) ....

4. Was passt zusammen? Verbinde jeweils einen Beruf mit einem Gegenstand.
Schreibe die Wortpaare:

Schneider	Rotstift	Mechaniker	Pinsel	Schreiner
Tablett	Elektriker	Nadel	Friseur	Säge
Kraftfahrer	Rührlöffel	Kapitän	Schraubenzieher	Glaser

Kabel   Arzt   Kamm   Koch   Stoppschild   Kellner   Steuerrad

Maler   Stethoskop   Lehrer   Glasschneider

....

....

....

....

....

T	I	S	C	H	N	S	C	H	R	A	N	K	T	K
W	S	T	S	K	D	W	O	B	I	L	D	Q	E	L
A	B	U	O	O	M	Z	U	R	L	M	G	F	P	E
N	R	H	F	M	G	R	C	A	M	Y	X	C	P	I
D	T	L	A	M	P	E	H	D	P	F	D	S	I	D
U	Z	U	I	O	O	G	T	I	H	E	R	D	C	E
H	D	H	W	D	G	A	I	O	J	Z	B	T	H	R
R	R	N	V	E	B	L	S	E	S	S	E	L	G	S
M	E	S	S	T	I	S	C	H	C	X	T	Y	A	C
T	H	Q	W	R	B	N	H	Z	I	U	T	P	R	H
D	S	C	H	R	E	I	B	T	I	S	C	H	D	R
C	T	V	G	A	R	D	E	R	O	B	E	K	I	A
S	U	A	F	G	V	O	R	H	A	N	G	J	N	N
Y	H	S	V	I	T	R	I	N	E	C	V	B	E	K
Q	L	E	X	F	E	R	N	S	E	H	E	R	L	H
M	U	E	L	L	E	I	M	E	R	G	H	J	K	L
W	E	T	O	P	F	P	F	L	A	N	Z	E	M	N
W	T	F	S	O	F	A	K	I	S	S	E	N	W	Q
M	A	T	R	A	T	Z	E	G	P	O	S	T	E	R

Ü = UE

Finde 30 Wörter zum Thema **Möbel und Einrichtung**. Schreibe die Wörter mit Groß- und Kleinbuchstaben und mit Umlaut, also in normaler Schreibweise, ins Heft.

1. Ordne die Möbel aus dem Suchrätsel den Zimmern zu. Die Lösungen können verschieden sein. Wie sieht es bei dir zu Hause aus?

Küche: ....

....

Wohnzimmer: ....

....

....

Flur: ....

Schlafzimmer: ....

....

....

andere Zimmer:...

....

2. Ordne die Wörter nach dem Artikel:

der: ....

....

....

die: ....

....

....

das: ....

....

3. Wie heißt das Wort?

1. Er hat einen Bildschirm und viele Leute sehen am Abend zu.

(reehnerFs) ....

2. Dort werfe ich alles hinein, was ich nicht mehr brauche.

(eiremlülM) ....

3. Ich hänge meine Jacke und meinen Schal dort auf. Sie ist im Flur.

(beGradeor)...

4. Sie hängt an der Wand und zeigt uns, wie spät es ist.

(danurWh) ....

5. Sie hat viele Schubladen. Ich kann meine Wäsche dort aufbewahren.

(modemKo) ....

4. Setze die Wörter an den passenden Stellen ein:

Kleiderschrank   Esstisch   Vitrine   Poster   Vase

1. Ich sammle schöne Gläser. Im Wohnzimmer sind sie in meiner _ _ _ _ _ _ _ zu

sehen.

2. Vielen Dank für die Blumen. Ich stelle sie schnell in eine _ _ _ _ .

3. Hast du viele Bilder an der Wand?– Nein, aber ein _ _ _ _ _ _ mit einer

Landschaft.

4. Wo ist meine Hose? – Ich habe sie in den _ _ _ _ _ _ _ _ _ _ _ _ _ gehängt.

5. Die ganze Familie sitzt am _ _ _ _ _ _ _ _ und beginnt mit dem Mittagessen.

U	L	T	R	A	S	C	H	A	L	L	L	V	V	K
R	O	P	T	I	K	E	R	T	G	H	U	K	E	R
I	M	A	G	E	N	W	F	E	D	S	N	R	R	A
N	M	E	D	I	K	A	M	E	N	T	G	A	B	N
W	U	N	D	E	W	T	R	T	Z	R	E	N	A	K
A	U	G	E	N	N	T	M	B	G	O	F	K	N	E
B	K	L	M	A	D	E	R	W	S	P	D	E	D	N
L	N	Z	A	H	N	A	R	Z	T	F	H	N	G	S
U	I	M	A	S	S	A	G	E	S	E	D	W	F	C
T	E	G	R	T	H	U	S	T	E	N	Z	A	P	H
K	R	A	N	K	E	N	H	A	U	S	M	G	D	W
N	E	L	T	H	E	R	M	O	M	E	T	E	R	E
V	Q	L	W	G	R	O	E	N	T	G	E	N	D	S
B	H	E	R	Z	H	B	R	I	L	L	E	L	K	T
N	O	H	R	E	N	M	C	S	P	R	I	T	Z	E
G	R	I	P	P	E	R	T	N	F	I	E	B	E	R
Y	G	O	P	E	R	A	T	I	O	N	T	W	K	B

Ö = OE

Finde 30 Wörter zum Thema **Gesundheit und Krankheit**. Schreibe die
Wörter in Groß- und Kleinbuchstaben, also in normaler Schreibweise, ins Heft.

1. Welche Wörter aus dem Suchrätsel sind Teile des Körpers?

....

....

2. Setze die passenden Wörter ein:

Ultraschall   Brille   Massage   Krankenschwester   Magen

Thermometer   Operation   Spritze

1. Maria hat zu viel gegessen. Jetzt tut ihr der _ _ _ _ _ weh.

2. Ich glaube, das Kind hat Fieber. Wo ist denn nur das _ _ _ _ _ _ _ _ _ _ ?

3. Nina kann nicht mehr gut sehen. Der Augenarzt hat ihr eine _ _ _ _ _ _

verschrieben.

4. Natalia hilft gern anderen Menschen. Sie möchte _ _ _ _ _ _ _ _ _ _ _ _ _ _ _

werden.

5. Waldemar will nicht zum Arzt gehen. Er hat Angst vor einer _ _ _ _ _ _ _.

6. Wir haben das Baby schon im _ _ _ _ _ _ _ _ _ _ _ gesehen. Es ist ein Junge.

7. Herr Aydin hat Gallensteine. Er muss im Krankenhaus eine _ _ _ _ _ _ _ _ _

machen lassen.

8. Dein Rücken tut weh? Versuche es doch mal mit _ _ _ _ _ _ _!

3. Was ist das?

1. Dort kann man Brillen kaufen. (reOpkit) ....

2. Das kauft man in der Apotheke. (menMekadit) ....

3. Eine Verletzung, die blutet. (deWun) ....

4. Er hilft bei Zahnschmerzen. (arZatnhz) ....

5. Er kommt bei einem Unfall. (waKrakengenn) ....

4. Was passt zusammen? Schreibe 10 Wortpaare.

Optiker   Thermometer   Lunge   **Brille**   Medikament   Verband

Apotheke   Wunde   Unfall   Ader   Luft   Massage   Fieber   Blut

Rückenschmerzen   Knochen   Zahnarzt   Krankenwagen   Röntgen

1. Optiker - Brille

2. ....

3. ....

4. ....

5. ....

6. ....

7. ....

8. ....

9. ....

10. ....

5. Richtig oder falsch? Schreibe ja oder nein.

1. Blut fließt in den Adern. ....

2. Das Herz ist eine Pumpe. ....

3. Ultraschall ist gefährlich. ....

4. Der Mensch hat zwei Lungenflügel. ....

5. Der Mensch kann ohne Galle leben. ....

6. Bei Grippe hat man Fieber. ....

7. Mit den Augen kann man hören. ....

P	H	K	U	E	H	L	S	C	H	R	A	N	K	Z
F	A	O	S	I	W	B	T	V	E	K	D	S	R	P
A	N	C	P	M	S	X	A	Y	R	N	M	H	K	L
N	D	H	U	E	W	Q	U	R	D	G	T	B	S	N
N	T	L	E	R	H	J	B	A	C	K	O	F	E	N
E	U	O	L	M	B	E	S	E	N	A	P	K	I	S
S	C	E	M	U	U	B	A	S	W	F	F	L	F	C
P	H	F	I	E	E	U	U	C	A	F	G	H	E	H
U	T	F	T	L	G	E	G	H	S	E	D	G	F	U
E	K	E	T	L	E	G	E	A	C	E	S	A	P	E
L	A	L	E	B	L	E	R	U	H	M	I	B	I	S
M	N	M	L	E	E	L	Z	F	M	A	E	E	B	S
A	N	E	C	U	I	B	B	E	A	S	B	L	U	E
S	E	S	L	T	S	R	W	L	S	C	R	T	E	L
C	L	S	A	E	E	E	K	J	C	H	M	P	R	Z
H	H	E	P	L	N	T	F	D	H	I	I	S	S	X
I	K	R	P	L	M	T	N	B	I	N	X	V	T	C
N	F	R	E	T	A	S	S	E	N	E	E	D	E	F
E	S	H	N	T	O	A	S	T	E	R	R	G	R	T
W	A	E	S	C	H	E	T	R	O	C	K	N	E	R

Ä = AE   Ö = OE   Ü = UE

Finde 30 Wörter zum Thema **Haushalt**. Schreibe die Wörter mit Groß- und Kleinbuchstaben und mit Umlaut, also in normaler Schreibweise, ins Heft.

1. Wozu brauche ich die Sachen aus dem Suchrätsel?

1. Zum Kochen und Braten: ....

....

....

2. Zum Putzen und Müll beseitigen: ....

....

3. Zum Waschen, Bügeln und Geschirrspülen: ....

....

4. Zum Essen und Trinken: ....

....

5. Zum Baden und Duschen: ....

2. Ein Wort passt nicht. Markiere es.

1. Lappen, Eimer, Pfanne, Staubsauger, Besen, Schrubber, Schwamm, Putzmittel

2. Kochlöffel, Topf, Herd, Pfanne, Backofen, Seife, Schneebesen, Gabel, Messer

3. Handtuch, Kaffeemaschine, Duschgel, Creme, Seife, Shampoo, Badetuch

4. Tasse, Untertasse, Schüssel, Teller, Kanne, Waschmaschine, Zuckerdose

3. Was ist das?

1. Ich brate die Spiegeleier darin. (ennafP) ....

2. Er saugt den Staub aus dem Teppich. (ersauStabug) ....

3. Da bleiben die Lebensmittel kühl und frisch. (kanschrüKhl) ....

4. Damit mache ich die Kleidung glatt. (enBüeigels) ....

5. Das Brot wird knusprig wie frisch gebacken. (osaTert) ....

6. Damit rühre ich Kuchenteig. (exiMr) ....

7. Manche trocknen die Wäsche damit. (erWätroscheckn) ....

8. Nach dem Baden trockne ich mich damit ab. (uchHatnd) ....

4. Ist das richtig? Schreibe ja oder nein.

1. Manche Medikamente müssen in den Kühlschrank. ....

2. Mit dem Bügeleisen muss man vorsichtig sein. ....

3. Alle Töpfe sind groß. ....

4. Mit Spülmittel kann man auch putzen. ....

5. Popcorn kann man im Eimer kaufen. ....

6. Der Staubsauger arbeitet leise. ....

7. Wäsche in allen Farben kommt zusammen in die Waschmaschine. ....

8. Manche Kaffeemaschinen kosten über 1000 €. ....

9. Das Gedächtnis ist manchmal wie ein Sieb. ....

10. Aus der Schüssel isst man Suppe. ....

5. Sprichwörter und Ausdrücke. Setze die passenden Wörter ein:

Sieb   Herd   Topf   Pfanne   Handtuch   Besen

1. Auf jeden ....passt ein Deckel.

2. Es hängt an der Wand

   gibt jedem die Hand.   ....

3. Er hat ein Gedächtnis wie ein ....

4. So ein schlechter Mensch! Er hat mich in die ....gehauen.

5. Neue ....kehren gut.

6. Eigener .... ist Goldes wert.

34

R	D	J	B	V	P	R	U	R	O	L	J	C	Z	D
A	B	U	A	P	O	T	H	E	K	E	S	A	D	I
T	A	W	N	N	S	P	Z	T	G	J	T	F	K	S
H	U	E	K	M	T	F	W	I	Q	R	H	E	T	K
A	M	L	D	F	F	P	M	G	Z	Y	E	X	V	O
U	A	I	W	L	S	U	P	E	R	M	A	R	K	T
S	R	E	Q	O	G	H	J	M	K	L	T	W	S	H
T	K	R	E	H	M	U	S	E	U	M	E	R	C	E
H	T	J	K	M	L	F	K	I	N	O	R	V	H	K
E	I	N	K	A	U	F	S	Z	E	N	T	R	U	M
W	Q	M	N	R	B	A	H	N	H	O	F	B	L	B
R	T	Z	P	K	Z	A	H	N	A	R	Z	T	E	A
Q	W	S	D	T	M	E	T	Z	G	E	R	E	I	E
K	I	N	D	E	R	G	A	R	T	E	N	R	T	C
B	U	S	H	A	L	T	E	S	T	E	L	L	E	K
X	Y	S	F	R	I	S	O	E	R	D	G	H	B	E
R	S	C	H	W	I	M	M	B	A	D	P	B	I	R
F	I	T	N	E	S	S	S	T	U	D	I	O	S	E
S	P	O	R	T	P	L	A	T	Z	W	F	G	T	I
R	T	R	E	S	T	A	U	R	A	N	T	P	R	K
P	A	R	K	P	L	A	T	Z	R	T	H	K	O	L
H	L	S	J	B	L	U	M	E	N	L	A	D	E	N
T	I	E	F	G	A	R	A	G	E	P	T	X	W	M

Finde 30 Wörter zum Thema **Plätze in der Stadt.**

1. Was kann man dort machen? Schreibe die Wörter aus dem Suchrätsel an die passende Stelle:

1. Hier kann ich eine Halskette reparieren lassen. ....

2. Hier kann ich gebrauchte Sachen kaufen. ....

3. Hier kann ich mit Freunden essen gehen. ....

4. Hier kann ich Kopfschmerztabletten kaufen. ....

5. Hier kann ich meine Muskeln trainieren. ....

6. Hier kann ich unter der Erde parken. ....

7. Hier kann ich auf den Bus warten. ....

8. Hier kann ich ein Päckchen an meine Tante schicken. ....

9. Hier kann ich einen Blumenstrauß kaufen. ....

10. Hier kann ich Geld abheben. ....

2. Richtig oder falsch? Antworte mit ja oder nein:

1. An der Bushaltestelle halten die Züge. ....

2. Auf der Bank kann man Geld einzahlen. ....

3. Auf dem Flohmarkt kann man manchmal auch neue Sachen kaufen. ....

4. Im Bistro gibt es kalte und warme Speisen. ....

5. Im Kino gibt es auch Popcorn. ....

6. Im Kindergarten können die Kinder spielen. ....

7. In der Schule treiben die Kinder auch Sport. ....

8. Der Juwelier kann Fernseher reparieren. ....

9. In der Metzgerei gibt es Fleisch. ....

10. In der Tiefgarage kann man schwimmen. ....

11. In der Diskothek ist die Musik laut. ....

3. Ordne die Wörter nach dem Artikel:

der: ....

....

....

die: ....

....

....

das: ....

....

....

4. Wie heißt das Wort?

1. Dort esse ich gern ein Schnitzel. (tansteRaur) ....

2. Dort sind viele Geschäfte. (mustenzaufEinkr) ....

3. Ich brauche Bretter für ein Regal. (ramauktB)) ....

4. Jemand hat Geburtstag. Ich will einen Blumenstrauß kaufen. (dalenluBemn)

....

5. Ich will starke Muskeln bekommen. (iotnessFistud) ....

6. Ich parke unter der Erde. (geragafieT) ....

7. Mein Zahn tut weh. (ztranZha) ....

8. Zum Frühstück möchte ich frische Brötchen. (eickerBä) ....

9. Ich bin neu in der Stadt und möchte mich anmelden. (austhRa) ....

10. Schnell! Der Zug fährt in fünf Minuten! (nofhaBh) ....

D	R	N	K	A	L	A	U	T	W	Q	H	J	M	B
U	S	C	H	W	A	C	H	R	V	B	L	P	O	E
E	D	S	A	K	D	G	R	O	S	S	F	T	E	K
N	U	Y	E	U	X	E	S	C	W	R	T	Z	G	A
N	M	F	S	R	N	O	M	K	A	L	T	H	L	N
D	M	W	S	Z	Y	E	G	E	I	Z	I	G	I	N
M	B	W	L	X	C	F	V	N	H	K	L	P	C	T
H	Z	P	I	F	D	F	B	R	E	I	T	C	H	X
R	E	I	C	H	G	N	U	H	O	C	H	B	O	V
W	R	P	H	M	A	E	N	N	L	I	C	H	R	B
Q	S	Z	T	D	R	T	T	G	H	F	M	A	D	N
S	C	H	W	A	R	Z	S	D	G	L	H	R	E	K
H	O	E	F	L	I	C	H	R	T	U	Z	T	N	I
Q	X	C	B	T	C	S	A	U	B	E	R	G	T	K
W	P	U	S	C	H	N	E	L	L	S	H	E	L	L
P	U	E	N	K	T	L	I	C	H	S	T	R	I	E
D	S	Y	X	Q	I	W	T	Z	P	I	K	J	C	F
F	G	H	J	K	G	L	M	U	N	G	M	H	H	D
G	L	U	E	C	K	L	I	C	H	Z	F	G	C	V

UE = Ü   OE = Ö   AE = Ä   ß = SS

Finde 30 Wörter zum Thema **Adjektive**. Schreibe die Wörter mit Groß- und Kleinbuchstaben und ß, also in normaler Schreibweise, ins Heft.

1. Welches Adjektiv aus dem Suchrätsel ist das Gegenteil?

1. leise - ………………………………… 2. stark - …………………………………..

2. klein - ………………………………… 4. warm - …………………………………?

5. schmal - …………………………….. 6. arm - …………………………………..

7. weiblich - …………………………… 8. schmutzig - …………………………….

9. langsam - …………………………… 10. dunkel - …………………………………

11. dick - ……………………………….. 12. schön - ………………………………..

13. lang - ……………………………….. 14. falsch - ………………………………...

15. einfarbig - ………………………….. 16. nass - ………………………………….

17. fest - …………………………………. 18. weich - ………………………………...

2. Setze diese Wörter an den passenden Stellen ein:

möglich   pünktlich   richtig   hoch   geizig   schwach

    geöffnet   bunt   höflich

1. Er kann den Koffer nicht allein tragen. Er ist zu _ _ _ _ _ _ _ .

2. Nein, das Hemd gefällt mir nicht. Rot, Gelb, Grün und Lila – das ist mir zu _ _ _ _ .

3. Der Schrank ist zwei Meter _ _ _ _ und drei Meter breit.

4. Könnte ich Ihren Rasenmäher für zwei Tage ausleihen? Wäre das _ _ _ _ _ _ _ ?

5. Kommen Sie bitte um 15 Uhr zum Termin. Wir beginnen _ _ _ _ _ _ _ _ _ .

6. Die Praxis ist nachmittags von 16 – 18 Uhr _ _ _ _ _ _ _ _ .

7. Wenn du die Frage _ _ _ _ _ _ _ beantwortest, bekommst du 10 Punkte.

8. Du sollst nicht einfach sagen: „Ich will noch ein Stück Kuchen."

    Du sollst _ _ _ _ _ _ _ fragen: „Kann ich bitte noch ein Stück Kuchen haben?"

9. Manche Leute bieten ihren Gästen nichts an. Sie sind zu _ _ _ _ _ _ .

3. Ist das richtig oder falsch? Antworte mit ja oder nein.

1. Schildkröten können sehr alt werden. ....

2. Eisen ist flüssig. ....

3. Eis ist kalt. ....

4. Ein Regenbogen ist bunt. ....

5. Am Nordpol ist es kalt. ....

6. Eine Schnecke kann schnell rennen. ....

7. In der Disco ist es laut. ....

8. Butter ist hart. ....

9. Die Sonne ist hell. ....

10. Eine Viertelstunde zu spät kommen, das ist noch pünktlich. ....

4. Finde jeweils drei Beispiele. Was ist zum Beispiel ...?

1. ....bunt: der Ball, das Kleid, ...

2. ... schwarz : ....

4. ... flüssig: ....

5. ... geöffnet: ....

6. ... kalt: ....

5. Wie heißt das Wort?

1. So ist der Berg, der Schrank oder der Betrag. (cohh) ....

2. So ist die Wäsche, das Geschirr oder die Straße. (netrock) ....

3. So ist der Diamant, das Eisen oder der Zement. (raht) ....

4. So ist der Elefant, das Haus oder das Land. (roßg) ....

5. So ist der Faden, die Zeit oder der Rock. (rukz) ....

T	A	N	T	E	V	S	C	H	W	A	G	E	R	V
S	Q	E	L	T	E	R	N	S	D	D	R	Z	P	T
C	F	F	K	K	U	S	I	N	E	N	O	S	A	U
H	C	F	I	D	S	A	H	J	K	O	S	C	R	N
W	B	E	N	K	E	L	S	O	H	N	S	H	T	U
E	N	G	D	T	D	U	Z	P	U	K	M	W	N	R
S	S	Q	Q	A	B	B	N	A	M	E	U	I	E	E
T	K	S	A	G	R	O	S	S	E	L	T	E	R	N
E	U	T	G	S	U	M	E	R	J	K	T	G	L	K
R	S	H	N	Z	D	A	R	T	T	M	E	E	L	E
N	I	C	H	T	E	H	H	J	K	V	R	R	D	L
U	N	Z	T	R	R	E	W	F	V	C	A	M	S	N
E	N	K	E	L	K	I	N	D	M	X	Y	U	V	Q
U	L	T	T	N	G	R	O	S	S	V	A	T	E	R
T	S	C	H	W	I	E	G	E	R	V	A	T	E	R
G	U	R	G	R	O	S	S	M	U	T	T	E	R	N
U	R	G	R	O	S	S	V	A	T	E	R	R	R	B
S	C	H	W	A	E	G	E	R	I	N	G	T	T	V
S	T	I	E	F	E	L	T	E	R	N	H	J	S	C
S	C	H	W	I	E	G	E	R	E	L	T	E	R	N
Q	W	F	G	A	D	O	P	T	I	V	K	I	N	D
A	P	F	L	E	G	E	K	I	N	D	Z	U	P	L
S	D	E	N	K	E	L	T	O	C	H	T	E	R	M

Finde 30 Wörter zum Thema **Familie .**

1. Welches Wort aus dem Suchrätsel passt?

1. Die Schwester meiner Mutter. ....

2. Die Tochter meiner Tante. ....

3. Der Sohn meines Onkels. ....

4. Der Sohn meines Bruders. ....

5. Der Mann meiner Schwester. ....

6. Die Eltern meiner Frau. ....

7. Die Tochter meiner Tochter. ....

8. Die Mutter meines Mannes. ....

9. Die Großmutter meiner Mutter. ....

10. Die Tochter meiner Schwester. ....

2. Wie heißt das männliche Gegenstück?

1. Schwägerin - ....

2. Oma - ....

3. Urgroßmutter - ....

4. Tante - ....

5. Nichte - ....

6. Enkeltochter - ....

7. Mutter - ....

8. Kusine / Cousine - ....

9. Schwiegermutter - ....

10. Schwiegertochter - ....

3. Setze diese Wörter an den passenden Stellen ein:

Schwiegermutter   Neffe   Bruder   Urenkel

    Adoptivkind   Schwägerin   Partner   Onkel

1. Mein Bruder hat geheiratet. Meine neue _ _ _ _ _ _ _ _ _ _ ist sehr nett.

2. Ich bin nicht verheiratet. Aber ich lebe seit fünf Jahren mit einem festen

   _ _ _ _ _ _ _ zusammen.

3. Am Sonntag essen wir meistens bei den Eltern meines Mannes. Meine

   _ _ _ _ _ _ _ _ _ _ _ _ _ _ _ kocht gern und sehr gut.

4. Meine Schwester hat einen gesunden Jungen zur Welt gebracht. Mein kleiner

   _ _ _ _ _ soll Sven heißen.

5. Meine Enkelin ist 25 Jahre alt und schwanger. Bald bekomme ich einen

   _ _ _ _ _ _ _ .

6. Meine Mutter hat fünf Brüder. Sie sind alle meine _ _ _ _ _ .

7. Wir haben keine leiblichen Kinder, aber ein _ _ _ _ _ _ _ _ _ _ _ .

8. Ich habe drei Schwestern, aber keinen _ _ _ _ _ _ .

4. Wie heißt das Wort?

1. Sie ist auch das Kind von meinen Eltern. (streSchwe) …………………………………..

2. In der Familie sagt man Opa. (revaGrtoß) …………………………………………………

3. Das weibliche Kind von meinem Bruder. (etiNch) ……………………………………

4. Diese Eltern sind durch Heirat mit mir verwandt. (elSchwieternger)

………………………………………………………………………………………………………

5. Ich bin ihr Urenkel.(mugroUrtterß) ……………………………………………………………

F	C	T	X	V	O	R	N	A	M	E	P	K	S	G
A	D	R	E	S	S	E	W	R	M	C	A	I	T	E
M	E	R	T	T	T	L	A	N	D	G	S	N	A	B
I	I	K	Z	R	A	L	T	E	R	F	S	D	A	U
L	K	J	U	A	D	M	G	Q	A	D	F	E	T	R
I	Y	X	I	S	T	C	V	N	S	S	O	R	S	T
E	H	A	U	S	N	U	M	M	E	R	T	G	A	S
N	A	H	L	E	D	I	G	M	W	F	O	H	N	O
N	P	O	S	T	L	E	I	T	Z	A	H	L	G	R
A	G	E	B	U	R	T	S	D	A	T	U	M	E	T
M	V	E	R	H	E	I	R	A	T	E	T	Z	H	F
E	P	H	E	I	S	S	E	N	O	I	U	T	O	O
F	A	M	I	L	I	E	N	S	T	A	N	D	E	R
G	E	S	C	H	I	E	D	E	N	E	R	T	R	M
U	Z	G	E	B	U	R	T	S	N	A	M	E	I	U
M	U	T	T	E	R	S	P	R	A	C	H	E	G	L
B	U	C	H	S	T	A	B	I	E	R	E	N	K	A
I	O	F	R	E	M	D	S	P	R	A	C	H	E	R
A	N	M	E	L	D	U	N	G	F	D	S	A	I	D
P	L	J	H	G	V	E	R	W	I	T	W	E	T	V
G	E	B	O	R	E	N	Z	T	E	L	E	F	O	N
H	E	I	M	A	T	T	H	B	E	R	U	F	N	B

ß = SS

Finde 30 Wörter zum Thema **Angaben zur Person.**

1. Fülle dieses Formular für dich aus:

Vorname	
Familienname	
Alter	
Staatsangehörigkeit	
Geburtsdatum	
Geburtsort	
Muttersprache	
Herkunftsland	
Postleitzahl/Stadt	
Hausnummer/Straße	

2. Schreibe Fragen wie im Beispiel:

Wohnort – Wo wohnen Sie?

1. Alter – Wie alt ……………………………………………………………………………?

2. Vorname und Familienname – Wie ……………………………………………………?

3. Staatsangehörigkeit – Welche ………………………………………………………?

4. Kinder – Haben …………………………………………………………………………?

5. Geburtsdatum - Wann……………………………………………………………………?

6. Geburtsort - Wo …………………………………………………………………………?

7. Adresse – Wo …………………………………………………………………………?

8. Familienstand - ………………………………………………………………verheiratet?

9. Beruf – Was sind Sie……………………………………………………………………?

10. Fremdsprachen – Welche ……………………………………………………………?

11. Muttersprache - Welche………………………………………………………………?

3. Setze diese Wörter an den passenden Stellen ein:

geschieden   verwitwet   Geburtsname   buchstabieren

Passfoto   Formular   Geburtsort   Muttersprache

1. Zeig mal deinen Pass! Auf dem _ _ _ _ _ _ _ _ siehst du aber ganz anders aus!

2. Ist Russisch deine _ _ _ _ _ _ _ _ _ _ _ _ ? – Nein, Ukrainisch.

3. Ich bin nicht mehr verheiratet, wir haben uns getrennt. Seit einem Jahr bin ich

_ _ _ _ _ _ _ _ _ .

4. Füllen Sie das _ _ _ _ _ _ _ _ aus und unterschreiben Sie es bitte!

5. Wo bist du geboren? In Athen? Dann ist Athen dein _ _ _ _ _ _ _ _ _ _ .

6. Mein Mann ist vor zwei Jahren gestorben. Jetzt bin ich _ _ _ _ _ _ _ _ _ .

7. Wie heißen Sie? Wie schreibt man das? _ _ _ _ _ _ _ _ _ _ _ _ _ Sie bitte!

8. Vor meiner Hochzeit hieß ich Gerda Müller. Müller ist mein _ _ _ _ _ _ _ _ _ _ .

4. Wie heißt das Wort?

1. Man nennt ihn auch Rufname. (meVoran) ....

2. Diese Sprache habe ich erst später gelernt. (cheFrespramd)

....

3. Ich bin nicht verheiratet. (giled) ....

4. Diese Nummer steht vor dem Wohnort. (zaPoleistthl) ....

5. Man nennt die einzelnen Buchstaben. (renbustachbie) ....

6. Diese Nummer steht nach der Straße. (nuHaummers) ....

7. Hier muss ich reinschreiben, ob ich verheiratet bin. (standFalienmi)

....

W	S	C	H	N	U	L	L	E	R	E	B	A	B	Y
I	P	S	C	H	A	U	K	E	L	R	B	A	L	L
N	I	R	U	T	S	C	H	E	D	Z	G	H	N	M
D	E	L	K	I	N	D	E	R	S	I	T	Z	Y	Z
E	L	F	I	P	U	P	P	E	I	E	N	W	Q	S
L	P	U	N	E	L	T	E	R	N	H	M	T	S	A
D	L	E	D	R	E	I	R	A	D	U	Z	W	T	N
W	A	T	E	F	S	K	L	E	I	N	K	I	N	D
I	T	T	R	S	I	N	G	E	N	G	V	C	G	K
P	Z	E	G	E	B	U	R	T	C	X	Y	K	B	A
P	K	R	A	B	B	E	L	N	Y	X	B	E	M	S
E	F	N	R	S	P	I	E	L	E	N	P	L	I	T
E	D	S	T	U	B	E	N	W	A	G	E	N	U	E
S	P	I	E	L	Z	E	U	G	L	E	R	N	E	N
F	G	H	N	G	I	T	T	E	R	B	E	T	T	P
S	C	H	U	L	T	U	E	T	E	Z	U	I	O	L
S	Y	C	S	C	H	L	A	F	L	I	E	D	D	N
R	E	C	H	N	E	N	H	U	E	P	F	E	N	B

Ü = UE

Finde 30 Wörter zum Thema **Kinder**. Schreibe die Wörter mit Groß- und Kleinbuchstaben, also in normaler Schreibweise, ins Heft.

1. Was passt zusammen? Schreibe 6 Wortpaare.

Dreirad   wickeln   Schnuller   Windel   schlafen   Sandkasten

saugen   fahren   Stubenwagen   singen   spielen   Schlaflied

1. ....

2. ....

3. ....

4. ....

5. ....

6. ....

2. Ein Wort passt nicht. Markiere es.

1. Baby, Schnuller, wickeln, Windel, Lätzchen, Strampler, Schultüte, Rassel

2. Schule, Schultüte, Heft, Buch, Schultasche, Gitterbett, Klassenzimmer, Lehrer

3. Spielplatz, Rutsche, Wippe, Geburt, Sandkasten, Schaukel, Klettergerüst

4. Puppe, Baukasten, Schlaflied, Malstifte, Puzzle, Bilderbuch, Kuscheltier

3. Richtig oder falsch?

1. Das Baby geht allein auf die Toilette. ....

2. Auf der Wippe kann man schaukeln. ....

3. In der Schule lernen die Kinder schreiben und rechnen. ....

4. Im Sandkasten spielen die Kinder „Kuchen backen". ....

5. Ein Ball ist nur für kleine Kinder. ....

6. Das Baby kann noch nicht allein essen. ....

7. Für das Dreirad braucht man einen Führerschein. ....

4. Setze diese Wörter an den passenden Stellen ein:

Spielzeug   Schlaflied   krabbeln   Ball   Schultüte   Kindergarten

1. Das Baby kann noch nicht laufen, aber es kann schon _ _ _ _ _ _ _ _.

2. Es ist rund und die Kinder spielen gern damit. _ _ _ _

3. Sara ist drei Jahre alt. Sie geht vormittags in den _ _ _ _ _ _ _ _ _ _ _ _.

4. Wenn das Kind zu viel _ _ _ _ _ _ _ _ hat, ist es schwer, das Zimmer
aufzuräumen.

5. Zum ersten Schultag bekommen die Kinder in Deutschland von ihren Eltern

eine _ _ _ _ _ _ _ _ geschenkt.

6. Wenn das Kind nicht einschlafen kann, singt die Mutter oft ein _ _ _ _ _ _ _ _ _.

5. Was ist das?

1. Das Baby trägt sie, weil es noch nicht auf die Toilette gehen kann. (nlWiden)

…………………………

2. Damit kleine Kinder nicht aus dem Bett fallen, haben so ein Bett. (ettGittber)

…………………………

3. Mama und Papa zusammen. (ernElt) …………………………………

4. Ein Kind kommt auf die Welt. (turbeG) …………………………………

5. Auf jeder Seite von der Stange sitzt ein Kind. (ppeWi) …………………………

6. Im Auto sitzen Kinder darin. (zitsderKin) …………………………………

7. Nicht mehr Baby und noch nicht im Kindergarten. (einKlkidn) …………………………

8. Das Baby schläft darin. Man kann ihn in jedes Zimmer schieben. (enStuwabeng)

…………………………

9. Auf einem Bein laufen. (enhüfp) …………………………………

10. Einem Kind die Windel wechseln. (elnckwi) …………………………………

S	T	A	N	D	E	S	A	M	T	O	K	A	L	W
E	D	N	D	G	E	B	U	E	H	R	R	N	P	A
B	D	T	F	R	I	S	T	L	B	N	E	M	I	R
Q	W	R	R	Z	U	I	L	D	J	H	I	E	E	T
M	R	A	T	H	A	U	S	E	N	M	S	L	L	E
B	V	G	C	X	B	A	U	A	M	T	V	D	T	L
M	A	H	N	U	N	G	A	M	X	Y	E	U	E	I
F	I	N	A	N	Z	A	M	T	U	Z	R	N	R	S
O	R	D	N	U	N	G	S	A	M	T	W	G	N	T
R	B	W	O	H	N	G	E	L	D	T	A	R	G	E
E	E	W	W	D	A	T	U	M	F	G	L	J	E	M
K	A	M	T	S	G	E	R	I	C	H	T	O	L	N
L	M	G	F	D	S	R	C	V	X	R	U	B	D	T
Q	T	W	E	A	B	M	E	L	D	E	N	C	U	I
A	E	D	R	T	K	I	N	D	E	R	G	E	L	D
C	R	J	U	G	E	N	D	A	M	T	T	N	Z	Z
L	O	H	N	S	T	E	U	E	R	V	X	T	Y	F
B	U	E	R	G	E	R	M	E	I	S	T	E	R	B
A	U	S	K	U	N	F	T	F	D	S	A	R	Y	R
M	E	H	R	W	E	R	T	S	T	E	U	E	R	T
C	V	F	U	E	H	R	E	R	S	C	H	E	I	N
P	U	E	N	K	T	L	I	C	H	B	G	T	Z	U

Finde 30 Wörter zum Thema **Ämter und Behörden**. Schreibe die Wörter in Groß- und Kleinbuchstaben und mit Umlaut, also in normaler Schreibweise ins Heft.

1. Was passt rechts und links zusammen?

1. Finanzamt	A. Falschparken
2. Meldeamt	B. Gerichtsverhandlung
3. Standesamt	C. Lohnsteuerkarte
4. Bauamt	D. Kindergeld
5. Amtsgericht	E. Eheschließung
6. Jugendamt	F. Anmeldung
7. Jobcenter	G. Baugenehmigung
8. Ordnungsamt	H. Arbeitssuche
9. Familienkasse	J. Sorgerecht

1.	2.	3.	4.	5.	6.	7.	8.	9.

2. Wie heißt das Wort?

1. Man braucht ihn, wenn man Auto fahren will. (einFüschhrer) ....

2. So muss man zum Termin auf einem Amt kommen. (ünlipktch) ....

3. Ein großes Verwaltungsgebäude für den ganzen Landkreis. (ungverKreiswtal)

....

4. Wenn ich wegziehe in eine andere Stadt, muss ich das machen. (denmelba)

....

5. Diese Steuer bezahlt jeder, der etwas kauft. (ehrwerMtstereu)

....

6. Leute, die beim Staat angestellt sind. (temaBe)...................................

3. Setze diese Wörter an den passenden Stellen ein:

Gebühr   Frist   Rathaus   Mahnung   Datum

Bürgermeister   Auskunft   Warteliste   Antrag

1. Zu der Unterschrift musst du noch das _ _ _ _ _ schreiben, damit man weiß, wann du den Antrag unterschrieben hast.

2. Ich kann die Steuererklärung nicht pünktlich abgeben. Deshalb rufe ich an und lasse die _ _ _ _ _ verlängern.

3. Wo ist in dieser Stadt das _ _ _ _ _ _ _ ? Ich muss zum Meldeamt.

4. Entschuldigung, ich brauche eine _ _ _ _ _ _ _ _ . Wo ist hier das Standesamt?

5. Ihr Pass ist fertig. Sie müssen noch die _ _ _ _ _ _ bezahlen.

6. Hast du den Strafzettel nicht bezahlt? Jetzt schickt das Ordnungsamt eine

_ _ _ _ _ _ _ .

7. Ich habe den _ _ _ _ _ _ ausgefüllt. Wie lange dauert es ungefähr, bis wir Kindergeld bekommen?

8. Über diese Angelegenheit möchte ich mit dem _ _ _ _ _ _ _ _ _ _ _ _ _ persönlich sprechen. Es ist sehr wichtig für die Stadt.

9. Sie sind auf der _ _ _ _ _ _ _ _ _ _ für den neuen Integrationskurs. Es wird einige Monate dauern, wir rufen Sie dann an.

4. Was kann man machen? Verbinde. Man kann ...

1. Lohnsteuer	A. abmelden
2. einen Antrag	B. bezahlen
3. Wohngeld	C. sein
4. pünktlich	D. beantragen
5. sich	E. stellen

1		2		3		4		5	

O	D	G	E	S	C	H	E	N	K	B	D	J	P	G
S	W	E	I	H	N	A	C	H	T	E	N	U	O	L
T	G	B	G	O	F	W	E	R	D	T	K	B	K	U
E	R	U	T	C	M	U	S	I	K	R	A	I	T	E
R	A	R	F	H	G	H	Z	U	J	I	R	L	O	C
N	T	T	S	Z	G	A	E	S	T	E	N	A	B	K
G	U	S	A	E	W	E	B	N	A	B	E	E	E	W
R	L	T	K	I	R	M	E	S	N	S	V	U	R	U
I	I	A	O	T	N	M	K	L	Z	A	A	M	F	E
L	E	G	S	S	S	D	E	R	E	U	L	Z	E	N
L	R	X	T	T	C	F	B	B	N	S	N	M	S	S
F	E	Q	U	A	A	W	E	I	N	F	E	S	T	C
E	N	A	E	G	S	S	P	I	E	L	E	D	S	H
S	Y	C	M	V	E	R	L	O	B	U	N	G	I	E
T	B	N	A	M	E	N	S	T	A	G	G	F	L	H
S	T	R	A	S	S	E	N	F	E	S	T	G	V	J
C	V	E	R	K	L	E	I	D	E	N	F	D	E	S
H	C	V	S	W	G	A	R	T	E	N	F	E	S	T
E	R	N	T	E	D	A	N	K	F	E	S	T	T	S
D	F	K	I	N	D	E	R	F	E	S	T	W	E	N
F	O	T	O	G	R	A	F	I	E	R	E	N	R	M
F	R	T	Z	M	N	X	N	I	K	O	L	A	U	S
O	S	T	E	R	H	A	S	E	A	S	T	Z	M	O

Finde 30 Wörter zum Thema **Feste und Feiertage.**

1. Welches Fest ist das?

Karneval   Tag der Deutschen Einheit   Erntedankfest

    Silvester   Ostern   Weihnachten

1. Es ist im Oktober. Die Menschen danken Gott für die gute Ernte.

…………………………………….

2. Es ist am 3. Oktober. In Deutschland feiert man, weil es jetzt nur noch einen deutschen Staat gibt.

……………………………………

3. Es ist im Dezember. Die Christen feiern die Geburt von Jesus.

…………………………………….

4. Das Jahr ist am 31. Dezember zu Ende. Um 24 Uhr begrüßen die Leute das neue Jahr mit Feuerwerk.

…………………………………….

5. Es ist im Februar. Viele Menschen ziehen bunte Kostüme an und ziehen durch die Straßen oder tanzen.

……………………………………

6. Es ist im Frühling. Kinder essen Hasen aus Schokolade und gekochte Eier. Es ist ein christliches Fest.

…………………………………….

2. Ein Wort passt nicht. Markiere es:

1. Geburtstag, Geschenk, Nikolaus, Glückwünsche, Karte, Gäste, Blumen

2. Oktoberfest, Bier, München, Musik, Firma, Wurst, Bayern, Dirndl

3. Weihnachten, Kerzen, Kostüm, Stern, Geschenk, Plätzchen, Engel, Tannenbaum

4. Jubiläum, Firma, gratulieren, Straßenfest, Mitarbeiter, Blumen, Sekt

5. Grillfest, Fleisch, Garten, Computer, Wurst, Feuer, Gäste, Salat

6. Hochzeitstag, Feuerwerk, Eheleute, Blumen, Datum, Abendessen

7. Kinderfest, Luftballon, Kuchen, Tannenbaum, Spiele, Schokolade

3. Richtig oder falsch? Schreibe ja oder nein.

1. Der Osterhase bringt Eier. …………..

2. Der Nikolaus bringt Blumen. …………….

3. Zum Karneval essen die Leute viel Schokolade. ……………

4. Beim Oktoberfest trinken die Leute viel Bier. ……………

5. Zum Hochzeitstag schenken sich Eheleute Blumen. ……………

6. Zum Valentinstag schenkt man sich Obst. ……………..

7. Beim Erntedankfest ist die Kirche mit Obst und Gemüse geschmückt. ….............

8. Den Verlobungsring trägt man an der linken Hand. ……………

9. Zu Silvester geht man früh schlafen. ………….

10. Zum Kinderfest machen die Kinder viele Spiele. ………

4. Was ist das?

1. Jemand ist schon lange in einer Firma, z. B. 20 Jahre. (umJuläbi) …………………..

2. Eine Firma macht mit allen Mitarbeitern einen Ausflug. (ugBeaustriebsfl)

…………………………..

3. Im Sommer feiert man auf der Straße. (estßenStraf) …………………………………

4. Wir laden Leute zum Grillen ein. (estllGrif) ……………………………………..

5. Dort trinken die Leute Wein und essen etwas. (stWeifn) …………………………..

6. Viele Leute verkleiden sich. (alKanerv) …………………………………………

7.Das war ein guter Mensch in der Türkei. (ausNilko) …………………………

M	I	T	T	E	L	M	E	E	R	P	E	D	V	Y
U	H	O	T	E	L	B	G	I	J	G	B	F	C	W
S	Q	U	E	R	T	Z	N	S	B	V	Z	E	L	T
E	X	R	E	I	S	E	L	E	I	T	E	R	P	B
U	S	I	N	A	T	U	R	N	S	U	A	I	O	A
M	W	S	C	H	I	F	F	B	T	R	B	E	S	U
F	S	T	R	A	N	D	L	A	R	L	E	N	T	E
C	R	E	H	U	T	J	U	H	O	A	N	W	K	R
A	E	N	R	T	T	E	G	N	W	U	T	O	A	N
M	S	B	Z	O	L	L	Z	D	C	B	E	H	R	H
P	T	W	U	E	S	T	E	F	H	J	U	N	T	O
I	A	D	F	B	N	K	U	E	S	T	E	U	E	F
N	U	D	G	B	E	R	G	E	X	M	R	N	Y	W
G	R	N	G	U	F	D	S	C	H	U	N	G	E	L
S	A	A	B	S	V	K	O	F	F	E	R	B	U	T
W	N	R	T	R	Z	U	I	O	H	N	V	C	F	D
H	T	U	R	E	I	S	E	B	U	E	R	O	Z	B
N	F	J	K	I	L	W	A	N	D	E	R	N	T	C
X	P	E	N	S	I	O	N	B	R	T	N	H	Z	W
W	Y	C	V	E	P	T	T	N	V	N	K	B	N	Q

Ü = UE

Finde 30 Wörter zum Thema **Reisen**. Schreibe die Wörter mit Groß- und Kleinbuchstaben, also in normaler Schreibweise.

1. Setze diese Wörter an den passenden Stellen ein:

Ferienwohnung   Camping   Koffer   Wüste   Mittelmeer

Reiseleiter   Dschungel   Abenteuer   Pension   Museum

1. An diesem Meer liegen zum Beispiel die Länder Italien, Spanien, Griechenland, Ägypten und Tunesien. _ _ _ _ _ _ _ _ _

2. Dieser Wald wächst in einem heißen, feuchten Klima. _ _ _ _ _ _ _ _

3. Man schläft im Zelt. _ _ _ _ _ _

4. Diese Reise ist interessant und aufregend. Man sieht zum Beispiel wilde Tiere oder fremde Kulturen. _ _ _ _ _ _ _ _

5. Wir mieten eine Wohnung im Urlaubsland für kurze Zeit. _ _ _ _ _ _ _ _ _ _ _ _

6. Diese Person erklärt den Touristen die Sehenswürdigkeiten des Landes.

   _ _ _ _ _ _ _ _ _

7. Dort kann man viele interessante Dinge sehen. _ _ _ _ _ _

8. Ein Haus zum Übernachten, nicht so groß wie ein Hotel. _ _ _ _ _ _ _

9. Ich packe meine Kleidung hinein, wenn ich verreisen will. _ _ _ _ _ _

10. Dort gibt es fast keine Pflanzen und Tiere. Das Land ist zu trocken. _ _ _ _ _

2. Was ist das?

1. Dort kann man eine Reise buchen. (roReibüse) ....

2. Menschen, die ein fremdes Land bereisen. (enToustri) ....

3. Ein Verkehrsmittel auf Schienen. (baEihnsen) ....

4. Durch die Landschaft laufen. (ernwand) ....

5. Das muss man am Flughafen manchmal bezahlen. (loZl) ....

3. Finde den passenden Urlaub für diese Familien:

Familien:

A. Familie Öztürk hat drei Kinder, sie sind 4, 6, und 9 Jahre alt. Die Kinder lieben Tiere, sie haben zu Hause eine Katze. Fatima, die älteste, kann reiten. Die Familie möchte zwei gemütliche Wochen verbringen und frisches Obst und Gemüse essen.

B. Familie Polischuk hat zwei Jungen, 10 und 12 Jahre alt. Die beiden sind sportlich, sie schwimmen gern, Herr Polischuk angelt gern. Sie haben nicht so viel Geld und wollen günstig drei Wochen Ferien verbringen.

C. Ehepaar Wong, 34 und 36 Jahre alt, liebt das Abenteuer. Sie möchten in ihrem Urlaub etwas erleben, ihr Alltag im Beruf ist ziemlich langweilig. Sie sind sportlich und lieben die Natur. Es darf auch ein bisschen mehr kosten.

D. Ehepaar Gruber, 50 und 53 Jahre alt, interessiert sich für Kultur. Herr und Frau Gruber gehen gern ins Museum, sehen gern interessante Architektur und lieben das Flair in einer alten Stadt. Sie möchten einen Kurzurlaub in den Herbstferien machen.

E. Familie Schlosser wandert gern. Sie haben zwei Kinder, Monika, 12, und Sven, 9. Alle lieben die Berge und sind am liebsten mit dem Rucksack den ganzen Tag unterwegs. Sie möchten eine günstige Unterkunft für drei Wochen Ferien im Gebirge.

Angebote:

1. Safari nach Kenia. Luxushotel direkt im Naturschutzgebiet. Geführte Touren ins Land. Beobachten Sie Elefanten, Giraffen und Löwen in nächster Nähe. Vollpension.

2. Campingplatz am See. Zugang zum Badestrand. Angeln auch möglich.

3. Kleine Pension in den Allgäuer Alpen, Zimmer mit Frühstück oder Halbpension. Für Wanderfreunde, herrliche Landschaft.

4. Busreise nach Prag (5 Tage). Übernachtung in einem Hotel in der Innenstadt, Stadtführung und zwei Tage zur freien Verfügung. Vollpension.

5. Ferienwohnung auf dem Bauernhof, ideal für Familien mit Kindern, die gern reiten und Kleintiere streicheln. (Streichelzoo) Reitstunden möglich.

A	B	C	D	E

N	W	R	A	D	J	E	K	T	I	V	E	T	G	R
N	O	M	E	N	E	W	D	I	A	L	O	G	E	E
A	R	V	Q	E	R	R	B	R	I	E	F	T	N	C
K	T	E	X	T	K	S	C	H	R	I	F	T	I	H
K	D	R	M	H	L	E	S	E	N	D	R	T	T	T
U	I	B	J	A	R	T	I	K	E	L	H	G	I	S
S	K	D	C	U	B	M	D	A	T	I	V	G	V	C
A	T	D	I	S	K	U	T	I	E	R	E	N	T	H
T	A	L	P	S	I	N	E	U	T	R	U	M	F	R
I	T	Z	U	P	R	O	N	O	M	E	N	R	E	E
V	S	C	H	R	I	F	T	L	I	C	H	G	M	I
Q	W	E	S	A	T	Z	P	U	N	K	T	I	B	
T	Z	H	J	C	R	A	E	T	S	E	L	M	N	U
J	Y	X	C	H	V	M	A	S	K	U	L	I	N	
B	M	M	U	E	N	D	L	I	C	H	M	N	N	G
H	O	E	R	V	E	R	S	T	E	H	E	N	V	F
K	O	M	M	A	T	E	R	Z	A	E	H	L	E	N
H	W	O	E	R	T	E	R	B	U	C	H	J	K	L

Ä = AE   Ö = OE   Ü = UE

Finde 30 Wörter zum Thema **Sprache und Grammatik**. Schreibe die Wörter in Groß- und Kleinschreibung und mit Umlaut, also in normaler Schreibweise, ins Heft.

1. Fünf Wörter im Suchrätsel sind Wortarten. Sie haben auch deutsche Bezeichnungen.

1. Adjektiv – Wiewort – Frage: Wie ist etwas?

2. Nomen – Namenwort (Hauptwort) – Was ist das?

3. Artikel – Begleiter – (begleitet oft das Namenwort)

4. Pronomen – Fürwort – (steht für ein Namenwort)

5. Verb – Tunwort – Was tut jemand? Was passiert?

Ordne die Wörter diesen 5 Wortarten zu:

schön – sie – schlafen – Schrank – der – ein – gut – lesen – Kopf – wir – eine – schreiben – grün – Baum – denken – er – Frau – trinken – das – du – braun – Tomate – Fisch – angeln – es – rufen – Teller – Kalender – ich

1. Adjektiv:

....

2. Nomen:

....

....

3. Artikel:

....

4. Pronomen:

....

Verb:

....

....

2. Setze diese Wörter an den passenden Stellen ein:

Hörverstehen   Schrift   Diktat   feminin   maskulin   neutrum

mündlich   Dialog   Wörterbuch

1. Wenn zwei Leute sprechen, nennt man das einen _ _ _ _ _ _.

2. Ich möchte wissen, was das Wort in meiner Muttersprache bedeutet. Da muss ich

im _ _ _ _ _ _ _ _ _ nachsehen.

3. Nein, das müssen Sie nicht schreiben. Wir können das _ _ _ _ _ _ _besprechen.

4. Sara hat mir einen Brief geschrieben. Leider kann ich ihn nicht lesen, die

_ _ _ _ _ _ _ ist so schlecht.

5. Die Lehrerin legt eine CD in den CD-Player. Wir machen eine Aufgabe zum

_ _ _ _ _ _ _ _ _ _ _ _.

6. Welche Artikel haben die Wörter? Mantel ist _ _ _ _ _ _ _ _, Bluse ist _ _ _ _ _ _ _

und Kleid ist _ _ _ _ _ _ _.

7. Bitte legen Sie ein leeres Blatt und einen Stift bereit, wir schreiben ein _ _ _ _ _ _.

3. Was ist das?

1. Ich schreibe ihn an Familie oder Freunde. (ieBfr) ....

2. Viele Sätze zusammen, zum Beispiel ein Zeitungsartikel. (exTt) ....

3. Leute haben verschiedene Meinungen. Deshalb müssen sie es. (ierdisenkut)

....

4. Nach einem Aussagesatz steht immer einer. (ktPun) ....

5. Ein Buch in zwei Sprachen. (uchWöbrter) ....

6. Die Art, wie man spricht. (Auchesspra) ....

61

H	D	F	N	H	J	F	R	E	U	D	E	A	P	W
A	L	I	E	B	E	M	B	H	V	C	R	E	A	U
S	G	E	I	N	S	A	M	E	N	R	S	R	N	E
S	F	N	D	N	Q	N	R	K	E	T	C	G	I	T
T	R	A	U	R	I	G	G	T	R	Z	H	E	K	E
Z	O	T	R	E	W	S	H	I	V	J	O	R	P	N
Q	E	V	B	N	M	T	S	S	O	M	E	K	J	D
S	H	W	Y	X	C	V	T	C	E	U	P	N	V	M
F	L	U	S	T	I	G	R	H	S	D	F	S	E	A
M	I	T	G	E	F	U	E	H	L	G	T	R	R	Z
H	C	J	K	L	R	F	S	A	U	E	R	F	L	B
B	H	E	I	F	E	R	S	U	E	C	H	T	I	G
M	U	E	D	E	N	T	S	P	A	N	N	T	E	L
U	B	E	G	E	I	S	T	E	R	T	X	C	B	U
T	V	A	G	G	R	E	S	S	I	V	C	X	T	E
U	E	B	E	R	A	R	B	E	I	T	E	T	X	C
C	Y	V	E	R	Z	W	E	I	F	E	L	T	C	K
R	D	E	P	R	E	S	S	I	O	N	T	Z	V	N

Ä = AE   Ö = OE   Ü = UE

Finde 30 Wörter zum Thema **Gefühle**. Schreibe die Wörter in Groß- und Kleinbuchstaben und mit Umlaut, also in normaler Schreibweise ins Heft.

1. Welche Situation passt zu diesen Gefühlen?

wütend   erschöpft   hektisch   fröhlich   entspannt   begeistert   traurig

A. Silvia war gestern beim Open-Air-Konzert. Es war super. Alle Zuschauer waren

....

B. Leider ist die schöne Reise jetzt zu Ende. Wir müssen wieder nach Hause fahren.

Wir sind ein bisschen ....

C. Alexander hat ein neues Auto. Er sieht, dass jemand vorbeigefahren ist. Ein

großer Kratzer ist im Lack. Alexander ist ....

D. Wie soll ich das nur schaffen? Morgen kommt Besuch und das ganze Haus ist

durcheinander!! – Sei doch nicht so ....!

Fange ganz ruhig irgendwo an.

E. Bist du nervös wegen der Prüfung morgen? Nein, nein, ich bin ganz ....

Ich habe ein gutes Gefühl.

F. Das war eine schöne Geburtstagsfeier. Alle Leute waren ....und
haben gesungen und getanzt.

G. Döndü hat einen großen Garten. Den ganzen Tag hat sie Unkraut gejätet. Nun

muss sie aufhören, sie ist völlig ....

2. Wie heißt das Gegenteil?

Hass   traurig   Mut   Ärger   nervös

Angst - ....

entspannt - ....

fröhlich - ....

Freude - ....

Liebe - ....

3. Richig oder falsch? Schreibe ja oder nein:

1. Ein Mensch, der allein lebt, ist oft einsam. ....

2. Wenn man ein Geschenk bekommt, ist man wütend. ....

3. Es bringt mir viel Freude, wenn ich mit Kindern spiele. ....

4. Ich habe Angst vor dem Zahnarzt. ....

5. Fritz kommt immer zu spät. Ich bin begeistert! ....

6. Ich habe nur vier Stunden geschlafen, deshalb bin ich müde. ....

7. Manche Leute bekommen Panik, wenn sie eine Spinne sehen. ....

8. Es ist schönes Wetter. So ein Ärger! ....

4. Was ist das?

1. Jemand erzählt Witze. (igstlu) ....

2. Jemand will einen anderen schlagen. (ivggaress) ....

3. Ich habe sehr viel gearbeitet. (etübarerbeit) ....

4. Ich weiß nicht, was ich machen soll. (feltverweiz) ....

5. Eine Krankheit, die traurig macht. (ionDerepss) ....

6. Das Gegenteil von Liebe. (asHs) ....

7. Ich möchte auch haben, was mein Nachbar hat. (deiN)............................

8. Jemand hat sehr viel Angst. (ikPan) ....

9. Das wünschen sich alle Menschen. (ckGlü) ....

10. Jemand ärgert sich sehr. (endwüt) ....

11. Ich fühle für andere. (ühMigeltf) ....

12. Ein anderes Wort für wütend. (auser) ....

13. Ich möchte schlafen. (demü) ....

B	T	S	P	D	Z	U	N	B	K	O	E	N	I	G
U	Y	G	R	E	N	Z	E	U	V	F	D	S	H	P
N	P	E	A	M	A	B	U	N	D	E	S	T	A	G
D	A	S	E	O	T	D	A	D	I	F	H	A	U	M
E	R	E	S	K	I	B	N	E	L	K	J	R	P	O
S	L	T	I	R	O	V	R	S	T	E	D	M	T	N
K	A	Z	D	A	N	P	A	R	T	E	I	E	S	A
A	M	Q	E	T	A	W	E	A	R	T	K	E	T	R
N	E	W	N	I	L	W	R	T	E	G	T	K	A	C
Z	N	S	T	E	I	A	F	D	P	H	A	L	D	H
L	T	D	S	S	T	E	U	E	R	J	T	Z	T	I
E	U	N	O	W	A	E	H	L	E	N	U	T	T	E
R	X	C	F	R	E	I	H	E	I	T	R	C	M	V
M	I	N	I	S	T	E	R	T	N	A	T	O	E	E
J	B	U	N	D	E	S	L	A	N	D	G	H	H	U
N	A	C	H	B	A	R	L	A	E	N	D	E	R	R
J	K	A	B	S	T	I	M	M	U	N	G	P	H	O
I	N	N	E	N	P	O	L	I	T	I	K	O	E	P
D	I	E	G	R	U	E	N	E	N	N	Z	I	I	A
X	C	V	B	W	I	R	T	S	C	H	A	F	T	P

Ä = AE   Ö = OE   Ü = UE

Finde 30 Wörter zum Thema **Politik**. Es sind auch Abkürzungen von Parteien und Bündnissen dabei. Schreibe die Wörter mit Groß- und Kleinbuchstaben und mit Umlaut, also in normaler Schreibweise ins Heft.

1. Setze diese Wörter an den passenden Stellen ein:

Monarchie   Die Grünen   Grenze   Bundesland   Gesetz   Armee

Nationalität   Diktatur   Hauptstadt   Europa

1. Es enthält Regeln, die jeder Bürger einhalten muss, sonst wird er bestraft.

....

2. Eine Person kann alle Regeln im Staat bestimmen. ....

3. Zwischen zwei Ländern muss man sie überschreiten. ....

4. Es ist eines von 16 Gebieten in Deutschland,zum Beispiel Rheinland-Pfalz.

....

5. Der Staat, in dem ein König regiert, heißt ....

6. Sie sagt aus, welches Land meinen Pass ausgestellt hat und zu welcher Nation

ich gehöre. ....

7. Diese Partei kümmert sich um den Umweltschutz. ....

8. Viele Soldaten verteidigen das Land. ....

9. Dort ist die Regierung des Landes. In Deutschland ist es Berlin.

....

10. Ein Kontinent, zu dem auch Deutschland, Frankreich und Polen gehören.

....

2. Richtig oder falsch? Schreibe ja oder nein.

1. Deutschland hat einen König. ....

2. Die Hauptstadt der Türkei ist Istanbul. ....

3. Kasachstan liegt in Europa. ....

4. Spanien hat einen König. ....

5. Liechtenstein hat keine Armee. ....

6. Frankreich ist ein Nachbarland von Deutschland. ....

7. Die Grünen wollen die Natur schützen. ....

8. Wer arbeitet, bezahlt keine Steuern. ....

9. Der Außenminister muss viel reisen. ....

10. Bei der Wahl gewinnt die Mehrheit. ....

3. Ein Wort passt nicht. Markiere es.

1. SPD, CDU, AOK, FDP, NPD

2. Monarchie, Königreich, Diktatur, Kaiserreich, Grenze

3. Europa, Asien, Australien, Alaska, Afrika, Amerika

4. Außenminister, Innenminister, Gesundheitsminister, Bundeskanzler

5. wählen, Abstimmung, Demokratie, Wahlzettel, Einkaufszettel

6. Mehrwertsteuer, Einkommensteuer, Steuerrad, Kirchensteuer, Umsatzsteuer

4. Bilde Komposita (zusammengesetzte Nomen):

Bundes- (5x)   Staats- (5x)

-bürgerschaft   -land   -rat   -anwalt   -republik   -angehörigkeit

-tag   -empfang   -kasse   -hauptstadt   -

1. ....   2. ....

3. ....   4. ....

5. ....   6. ....

7. ....   8. ....

9. ....   10. ....

.

P	Z	I	E	G	E	V	D	S	C	H	A	F	S	Z
F	K	U	H	G	F	Q	W	C	A	X	M	N	C	E
E	H	H	A	S	E	Z	U	H	U	N	D	P	H	L
R	S	C	H	W	E	I	N	I	G	N	H	L	W	E
D	W	Q	N	A	S	D	F	L	B	M	J	K	A	F
H	A	M	S	T	E	R	C	D	V	H	U	H	N	A
Y	G	A	N	S	X	D	R	K	A	T	Z	E	J	N
N	B	U	T	I	G	E	R	R	A	T	T	E	P	T
D	F	S	E	S	A	W	P	O	N	Y	Q	S	I	V
H	K	A	N	I	N	C	H	E	N	M	N	E	N	A
K	A	M	E	L	G	F	D	T	S	A	Z	L	G	M
Y	C	N	B	O	J	H	G	E	N	T	E	F	U	E
B	I	E	N	E	U	J	K	K	L	L	B	P	I	I
Y	W	T	Z	W	J	L	A	M	A	L	R	K	N	S
Y	D	F	N	E	M	D	G	H	J	T	A	U	B	E

Ö = OE

Finde 30 Namen von **Tiere**n. Schreibe die Wörter in normaler Schreibweise ins Heft.

1. Was passt zusammen? Schreibe Wortpaare und bilde einfache Sätze:

Hund   Biene   piepsen   Löwe   *bellen*   meckern   Gans

Ziege   Katze   miauen   Schwein   Hahn   Maus   grunzen

Huhn   brüllen   summen   schnattern   gackern   krähen

1. *Hund – bellen*   Der Hund bellt.

2. …………………………………………………………………………………

3. …………………………………………………………………………………

4. …………………………………………………………………………………

5. …………………………………………………………………………………

6. …………………………………………………………………………………

7. …………………………………………………………………………………

8. …………………………………………………………………………………

9. …………………………………………………………………………………

10. ………………………………………………………………………………

2. Welches Tier ist das?

1. Er ist schon früh am Morgen wach. (hHna) ……………………………………

2. Man nennt ihn König der Tiere. (wöLe) ………………………………………

3. Sie geht langsam und lebt lang. (teSchilködr) ………………………………

4. Es hat schwarze und weiße Streifen. (braZe) ………………………………

5. Er hat einen langen Hals und schwimmt auf dem See. (naSchw) ……………

6. Er lebt in der Antarktis und ist schwarz-weiß. (guiPinn) ……………………

7. Man sagt, er ist dumm, aber das stimmt nicht. (lesE) ………………………

3. Richig oder falsch? Schreibe ja oder nein.

1. In Australien gibt es Wettbewerbe im Schafe scheren. ....

2. Ein Kamel hat Wasser in seinen Höckern. ....

3. Manche Lamas spucken. ....

4. Die Katze fällt immer auf ihre Pfoten. ....

5. Die Ameise lebt nur im Wald. ....

6. Der Elefant hat ein gutes Gedächtnis. ....

7. Das Pony hat lange Beine. ....

8. Der Pinguin kann gut schwimmen. ....

9. Manche Schildkröten können sehr alt werden. ....

10. Der Tiger lebt in Deutschland im Wald. ....

4. Es gibt Ausdrücke mit Tiernamen, die aber etwas mit Menschen zu tun haben.

Welche Beschreibung passt zu diesen Ausdrücken?

A. Papiertiger   B.Tanzmaus   C.Angsthase   D. Schweinehund   E. Baulöwe

1. Ein Mensch hat immer viel Angst.

2. Jemand hat ein großes, erfolgreiches Geschäft in der Baubranche. Er ist rücksichtslos und kauft überall Land.

3. Eine Frau geht sehr gern tanzen.

4. Jemand tut, als ob er gefährlich wäre. In Wirklichkeit hat er keine Macht.

5. Dieses Wort ist erfunden und kein wirkliches Tier. Das Wort bezeichnet einen schlechten Menschen.

A	B	C	D	E

Lösungen zu

Suchen und Lernen 1

Suchrätsel und Übungen zu 22 Themen

1. Die Zeit messen

		S	E	K	U	N	D	E			S			
		T	A	G	H		I			M	O			
F	R	U	E	H	R		E		M	O	N	A	T	
A		N	H	A	L	B	N		M		N	N	U	F
B		D				S	P	A	E	T	T	G	R	
E		E	M	I	N	U	T	E	E	M	A	A	U	E
N	V		I		J	A	H	R	O	G	G	S	I	
D	I		T		T	G		Z	R			T	T	
G	E	S	T	E	R	N			G				A	
J	R	J	W	M	I	T	T	A	G	E			G	
U	T	U	O	J	A	N	U	A	R	N				
N	E	L	C	N	A	C	H	M	I	T	T	A	G	
I	L	I	H	E	U	T	E		A	P	R	I	L	
V	O	R	M	I	T	T	A	G						
		S	E	P	T	E	M	B	E	R				

waagerecht: Sekunde, Tag, früh, Monat, halb, spät, Minute, Jahr, gestern, Mittag, Januar, Nachmittag, heute, April, Vormittag, September

senkrecht: Abend, Juni, Viertel, Stunde, Juli, Mittwoch, Uhr, Dienstag, März, Morgen/morgen, Montag, Sonntag, August, Freitag

Übungen:

1. A. 7   B. 52   C. 60   d. 24   E. 365   F. 60   G. 12   H. Montag   I. Donnerstag
J. Sonntag   K. Mittwoch   L. Freitag
2. A. spät   B. der Abend   C. der Vormittag   D. die Nacht   E. morgen
3. A. Freitag   B. Montag   C. Dezember   D. Uhr   E. Nachmittag   G. spät   H. Monat
4. A. Viertel nach sieben   B. Viertel vor zwei   C. halb sechs   D. Viertel nach drei
E. halb sieben   F. Viertel nach acht   G. halb zwölf

2. Schule

	S				S	P	O	R	T					
	C	O	M	P	U	T	E	R		L	E	S	E	N
	H			F	U	E	L	L	E	R	A		G	
B	U	C	H		H	E	F	T		S	T	P	R	
	L				L			A		C	L	A	A	
	T	F	E	R	I	E	N		F	H	A	U	M	
M	A	E	P	P	C	H	E		E	U	S	S	M	
	S	P	I	E	L	B	I	L	D	E	R	E	A	
S	C	H	R	A	N	K	L			L			T	
	H	L	E	H	R	E	R			E			I	
R	E	C	H	N	E	N	I			R			K	
N	O	T	E	N		S	P	I	T	Z	E	R		
	L	E	R	N	E	N	T	I	S	C	H			
			R	A	D	I	E	R	G	U	M	M	I	
	S	I	N	G	E	N	F		M	A	L	E	N	
K	U	L	I		M	A	T	H	E					

waagerecht: Sport, Computer, lesen, Füller, Buch, Heft, Ferien, Mäppchen, Spiel, Bilder, Schrank, Lehrer, rechnen, Noten, Spitzer, lernen, Tisch, Radiergummi, singen, malen, Kuli, Mathe
senkrecht: Schultasche, Stuhl, Bleistift, Tafel, Schüler, Atlas, Pause, Grammatik

Übungen

1. …Sport machen, …ein Buch lesen, …Mathe lernen, …ein Spiel machen, …Noten bekommen, …Pause machen, …Grammatik lernen, …ins Heft schreiben. …Bilder malen, …auf dem Stuhl sitzen, …mit dem Bleistift schreiben

2. der Computer, das Buch, der Stuhl, das Heft
   der Spitzer, die Grammatik, der Sport, der Tisch
   der Füller, das Spiel, der Radiergummi, der Kuli
   das Mäppchen, der Schrank, der Lehrer, die Tafel
   die Pause, die Schultasche, das Bild, der Schüler
3. A. Schultasche B. Atlas C. Bilder D. Pause E. Noten F. Spitzer G. Ferien
   H. Tafel
4. Schulheft, Schultasche, Schulbuch, Schulheft, Schulsport, Schulferien
   Realschule, Hauptschule, Grundschule, Abendschule, Volkshochschule,
   Berufsschule

3. Sport

W	A	S	S	E	R	S	P	O	R	T	J		M	
F	A	H	R	R	A	D					U	M	E	
S	C	H	W	I	M	M	B	A	D		D	A	I	S
C	S	E	G	E	L	B	O	O	T	E	O	N	S	C
H	K		T	R	A	I	N	E	R	I	R	N	T	H
W	I		S	I	E	G	E	R	B	S	I	S	E	I
I	P		P		T			O	K	N	C	R	E	
M	I	H	O	C	K	E	Y		X	U	G	H	S	D
M	S		R		N			E	N	E	A	C	S	
E	T		T		N			N	S	N	F	H	R	
R	E		L		I			T	O	T	A	I		
	S		E	F	U	S	S	B	A	L	L	H	F	C
S	P	O	R	T	P	L	A	T	Z	A	Y	A	T	H
	R	E	I	T	E	N				U	M	N		T
W	I	N	D	S	U	R	F	E	N	F	P	D		E
A	N	G	E	L	N					I	B	S	R	
	G	E	G	N	E	R					A	A	T	
B	E	R	G	S	T	E	I	G	E	N	D	L	A	
	R										E	L	R	
		S	C	H	I	E	S	S	E	N	O	P		

waagerecht: Wassersport, Fahrrad, Schwimmbad, Segelboot, Trainer, Sieger, Hockey, Fußball, Sportplatz, Reiten, Windsurfen, Angeln, Gegner, Bergsteigen, Schießen

senkrecht: Schwimmer, Skipiste, Springer, Sportler, Tennis, Boxen, Eiskunstlauf, Judo, Ringen, Olympiade, Mannschaft, Handball, Meisterschaft, Start, Schiedsrichter

Übungen

1. 1. Reiten – Pferd 2. Ski laufen – Piste 3. Tennis – Schläger 4. Fahrrad – Klingel
5. Schießen – Gewehr 6. Boxen – Ring 7. Angeln – Wurm 8. Fußball – Tor
9. Schwimmen – Hallenbad 10. Bergsteigen – Kletterseil

2. 1.Sportplatz 2. Trainer 3. Schiedsrichter 4. Olympiade 5. Segelboot 6. Boxen
7. Eiskunstlauf 8. Hockey

3. das Radfahren der Radfahrer die Radfahrerin
das Reiten der Reiter die Reiterin, das Surfen der Surfer die Surferin
das Angeln der Angler die Anglerin
das Bergsteigen der Bergsteiger die Bergsteigerin
das Boxen der Boxer die Boxerin
das Schwimmen der Schwimmer die Schwimmerin das Tennisspielen der
Tennisspieler die Tennisspielerin das Skilaufen der Skiläufer die Skiläuferin

74

4. Autofahren

	R	A	D	A	R	K	O	N	T	R	O	L	L	E
		K	I	N	D	E	R	S	I	T	Z	A	I	F
K	O	F	F	E	R	R	A	U	M			N	C	A
Z	Y	L	I	N	D	E	R	K	O	P	F	D	H	H
K	P	N	A	V	I	G	A	T	O	R	H	S	T	R
L	O	E	L	F	I	L	T	E	R		U	T	M	S
I	L	V	O	R	F	A	H	R	T		P	R	A	C
M	I	T	A	N	K	S	T	E	L	L	E	A	S	H
A	Z	A	N	H	A	E	N	G	E	R	A	S	C	U
A	I	I	B	E	N	Z	I	N			M	S	H	L
N	S	R	A	U	S	P	U	F	F		P	E	I	E
L	T	B	G	A	S	P	E	D	A	L	E		N	
A		A	S	T	R	A	S	S	E		L		E	
G		G	T						B					
E			O		L	E	N	K	R	A	D			
	K	U	P	P	L	U	N	G	E					
			P	A	R	K	E	N	M	O	T	O	R	
S	C	H	I	L	D	E	R		S					
	A	U	T	O	B	A	H	N	E					
S	T	R	A	F	Z	E	T	T	E	L				

waagerecht: Radarkontrolle, Kindersitz, Kofferraum, Zylinderkopf, Navigator, Ölfilter, Vorfahrt, Tankstelle, Anhänger, Benzin, Auspuff, Gaspedal, Straße, Lenkrad, Kupplung, parken, Motor, Schilder, Autobahn, Strafzettel

senkrecht: Klimaanlage, Polizist, Airbag, Stopp, Bremse, Hupe, Ampel, Landstraße, Lichtmaschine, Fahrschule

Übungen:

1. A. Kofferraum 2. Hupe 3. Fahrschule 4. Radarkontrolle 5. parken F. Navigator G. Vorfahrt

2. die Tankstelle – Benzin, die Radarkontrolle – Blitz, der Kindersitz – Kind, der Strafzettel – Geldstrafe, die Ampel – rot, der Auspuff – Abgase, das Lenkrad – drehen, die Kupplung – schalten, die Bremse – anhalten, die Klimaanlage – kühl

3. a. Anhänger b. Straße c. Lenkrad d. Kupplung e. Motor f. Schilder g. Autobahn h. Polizist i. Airbag j. Ampel k. Landstraße l. Stopp

4.
A. nein B. nein C. ja D. nein E. ja

5. Kleidung und Schmuck

R			S	T	R	U	E	M	P	F	E			
O	H	R	R	I	N	G	E							H
C	E				U									A
K	M				E	J	H	O	S	E		R		N
S	D			B	R	A	U	T	K	L	E	I	D	D
T		K			T	C	H	U	T	S	S	N		S
I		R			E	K				C	C	G		C
E	M	A	N	T	E	L	E				H	H	S	H
F	A	W	K	O	P	F	T	U	C	H	U	L	A	U
E	N	A	O					N	S	A	E	A	N	H
L	Z	T	S					T	H	L	R	F	D	E
	U	T	T					E	O	S	Z	A	A	
	G	E	U					R	R	K	E	N	L	
		E						H	T	E		Z	E	
	A	R	M	B	A	N	D	E	S	T		U	N	
B	I	K	I	N	I			M		T		G		
L	S	O	C	K	E	N		D		E				
U		B	R	O	S	C	H	E						
S	P	O	R	T	A	N	Z	U	G					
E	A	R	B	E	I	T	S	S	C	H	U	H	E	

waagerecht: Strümpfe, Ohrringe, Hose, Brautkleid, Hut, Mantel, Kopftuch, Armband, Bikini, Socken, Brosche, Sportanzug, Arbeitsschuhe
senkrecht: Rock, Stiefel, Bluse, Hemd, Anzug, Krawatte, Kostüm, Gürtel, Jacke, Unterhemd, Shorts, Halskette, Schürze, Schlafanzug, Ring, Sandalen, Handschuhe
Übungen:
1.
Der: Hut, Mantel, Bikini, Sportanzug, Rock, Anzug, Gürtel, Schjlafanzug, Ring
Die: Hose, Brosche, Bluse, Krawatte, Jacke, Halskette, Schürze
Das: Brautkleid, Kopftuch, Armband, Hemd, Kostüm, Unterhemd
Die (Plural): Strümpfe, Ohrringe, Socken, Arbeitsschuhe, Stiefel, Shorts, Sandalen, Handschuhe
2.
A. Kopftuch B.Schürze C. Brautkleid D. Stiefel, Handschuhe E. Bikini F. Anzug, Hemd, Krawatte G. Schlafanzug H.Gürtel I. Bluse J.Ring
3.
1.Strümpfe 2. Ohrringe 3. Sportanzug 4. Arbeitsschuhe 5. Kostüm 6. Unterhemd 7. Sandalen 8. Halskette
4.
1.nein 2.nein 3.ja 4.ja 5. ja 6.nein 7.nein 8.ja

6. Lebensmittel

A	P	F	E	L								L	
	A		I	B		F	I	S	C	H		T	E	E
	P		S	A	H	N	E					I	
	A			N	W	U	R	S	T	K	E	K	S	E
	Y			A					M	I	L	C	H
S	A	F	T	N	B	R	E	Z	E			H	
			E	I	E	R			M				W
S	C	H	O	K	O	L	A	D	E	E	R	B	S	E
A			R	B		T			H			K	I
L		K	A	R	T	O	F	F	E	L		A	A	N
Z			N	O		M					N	R
			G	T		A					A	O
			E			T	B	O	H	N	E	N	T
	K	A	F	F	E	E		S	A	L	A	T
		M	I	N	E	R	A	L	W	A	S	S	E	R

Waagerecht: Nudel, Apfel, Fisch, Tee, Sahne, Wurst, Kekse, Milch, Saft, Brezel, Eier, Schokolade, Erbse, Kartoffel, Bohnen, Kaffee, Salat, Mineralwasser

Senkrecht: Salz, Papaya, Reis, Orange, Banane, Brot, Tomate, Mehl, Ananas, Fleisch, Karotte, Wein

Übungen

1. und 2.

Obst: Apfel, Papaya, Orange, Banane, Ananas, Birne, Zitrone, Mandarine, Melone

Gemüse: Erbse, Kartoffel, Bohnen, Salat, Tomate, Karotte, Blumenkohl, Radieschen, Aubergine

Getränke: Tee, Saft, Kaffee, Mineralwasser, Wein, Cola

Teigwaren, Getreide, Backwaren: Nudel, Kekse, Brezel, Reis, Brot, Mehl, Kuchen, Brötchen

Milchprodukte: Sahne, Milch, Joghurt, Käse

Sonstiges: Fisch, Eier, Schokolade, Salz, Fleisch, Hähnchen, Öl

3. der: Apfel, Salat, Blumenkohl, Tee, Saft, Kaffee, Wein, Reis, Kuchen, Fisch, Joghurt(Artikel das auch möglich), Käse

die: Papaya, Orange, Banane, Ananas, Birne, Aubergine, Zitrone, Mandarine, Melone, Erbse, Kartoffel, Bohne, Tomate, Karotte, Cola, Nudel, Brezel, Wurst, Schokolade, Milch, Sahne

das: Radieschen, Mineralwasser, Keks, Brot, Mehl, Brötchen, Ei, Salz, Fleisch, Hähnchen, Öl

4. Kaffeetasse, Tomatensalat, Milchschokolade, Rotwein, Rindfleisch, Apfelsaft

5. A. Brötchen B. Fleisch C. Wein D. Zitrone E. Schokolade F. Nudeln
G. Salz H. Käse I. Banane J. Fisch

7. Berufe

S	C	H	N	E	I	D	E	R		T				
			A	M	E	C	H	A	N	I	K	E	R	
S	C	H	R	E	I	N	E	R	O	S	B	F	A	
C		Z			P			T	C	A	L	R	B	
H		T			O			A	H	E	I	C	A	
W		M			L			R	L	C	E	H	U	
E	L	E	K	T	R	I	K	E	R	E	K	S	I	I
I	D	T	O	I	E	Z	E	M		R	E	E	T	N
S	A	Z	C	E	C	I	L	A			R	N	E	G
S	C	G	H	R	H	S	L	U			L	K	E	
E	H	E		A	T	T	N	R			E	T	N	
R	D	R		R	S		E	E			G		I	
H	E			Z	A		R	R	B	A	U	E	R	E
A	C			T	N	F	R	I	S	E	U	R		U
U	K				W			M			L		R	
S	E		K	R	A	F	T	F	A	H	R	E	R	
F	R		P	I	L	O	T		L			H		
R	K	A	P	I	T	A	E	N	E			R		
A				G	L	A	S	E	R			E		
U				S	C	H	L	O	S	S	E	R		

<u>Waagerecht</u>: Schneider, Mechaniker, Schreiner, Elektriker, Bauer, Friseur, Kraftfahrer, Pilot, Kapitän, Glaser, Schlosser
<u>Senkrecht</u>: Schweißer, Hausfrau, Dachdecker, Metzger, Arzt, Koch, Tierarzt, Rechtsanwalt, Polizist, Kellner, Maurer, Notar, Maler, Tischler, Bäcker, Fliesenleger, Lehrer, Architekt, Bauingenieur

Übungen

1. 1F, 2C, 3H, 4J, 5E, 6G, 7I, 8A, 9B, 10D

2. 1. Rennwagen und basteln passen nicht. Beruf: Bauer

2. Kochen und Gabel passen nicht. Beruf: Fliesenleger

3. Fön und Haarbürste passen nicht. Beruf: Polizist

4. Zement und Dachziegel passen nicht. Beruf: Arzt

5. Nähmaschine und Mixer passen nicht. Beruf: Schreiner

6. Büro und Kasse passen nicht. Beruf: Hausfrau

3. 1. Mechaniker 2. Dachdecker 3. Architekt 4. Kraftfahrer 5. Kapitän

4. Schneider – Nadel, Mechaniker – Schraubenzieher, Schreiner – Säge, Elektriker – Kabel, Friseur – Kamm, Kraftfahrer – Stoppschild, Kapitän – Steuerrad, Glaser – Glasschneider, Arzt – Stethoskop, Koch – Rührlöffel, Kellner – Tablett, Maler – Pinsel, Lehrer – Rotstift

8. Möbel und Einrichtung

T	I	S	C	H		S	C	H	R	A	N	K	T	K
W		T	S	K			O	B	I	L	D		E	L
A		U	O	O			U	R					P	E
N	U	H	F	M		R	C	A					P	I
D		L	A	M	P	E	H	D					I	D
U			O			G	T	I	H	E	R	D	C	E
H	D		D			A	I	O			B		H	R
R	R		E			L	S	E	S	S	E	L	G	S
	E	S	S	T	I	S	C	H			T		A	C
	H						H				T		R	H
	S	C	H	R	E	I	B	T	I	S	C	H	D	R
	T	V	G	A	R	D	E	R	O	B	E		I	A
	U	A		V	O	R	H	A	N	G			N	N
	H	S	V	I	T	R	I	N	E				E	K
	L	E		F	E	R	N	S	E	H	E	R		
M	U	E	L	L	E	I	M	E	R					
		T	O	P	F	P	F	L	A	N	Z	E		
		S	O	F	A	K	I	S	S	E	N			
M	A	T	R	A	T	Z	E		P	O	S	T	E	R

<u>Waagerecht</u>: Tisch, Schrank, Bild, Lampe, Herd, Sessel, Esstisch, Schreibtisch, Garderobe, Vorhang, Vitrine, Fernseher, Mülleimer, Topfpflanze, Sofakissen, Matratze, Poster

<u>Senkrecht</u>: Wanduhr, Drehstuhl, Stuhl, Vase, Sofa, Kommode, Regal, Couchtisch, Radio, Bett, Teppich, Gardine, Kleiderschrank

Übungen

1. individuell

2. der: Tisch, Schrank, Herd, Sessel, Esstisch, Schreibtisch, Vorhang, Fernseher, Mülleimer, Drehstuhl, Stuhl, Couchtisch, Teppich, Kleiderschrank
die: Lampe, Garderobe, Vitrine, Topfpflanze, Matratze, Wanduhr, Vase, Kommode, Gardine
das: Bild, Sofakissen, Poster, Regal, Radio, Bett

3. 1. Fernseher 2. Mülleimer 3. Garderobe 4. Wanduhr 5. Kommode
   4. 1. Vitrine 2. Vase 3. Poster 4. Kleiderschrank 5. Esstisch

9. Gesundheit und Krankheit

U	L	T	R	A	S	C	H	A	L	L		L		V	K
R	O	P	T	I	K	E	R					U	K	E	R
I	M	A	G	E	N	W						N	R	R	A
N	M	E	D	I	K	A	M	E	N	T	T	G	A	B	N
W	U	N	D	E		T					R	E	N	A	K
A	U	G	E	N		T					O		K	N	E
B			A	D	E	R					P		E	D	N
L	N	Z	A	H	N	A	R	Z	T		F		N		S
U	I	M	A	S	S	A	G	E			E		W		C
T	E	G			H	U	S	T	E	N	N		A		H
K	R	A	N	K	E	N	H	A	U	S			G		W
	E	L	T	H	E	R	M	O	M	E	T	E	R		E
		L		R	O	E	N	T	G	E	N		N		S
	H	E	R	Z		B	R	I	L	L	E				T
	O	H	R	E	N		S	P	R	I	T	Z	E		E
G	R	I	P	P	E		F	I	E	B	E	R			R
		O	P	E	R	A	T	I	O	N					

Waagerecht: Ultraschall, Optiker, Magen, Medikament, Wunde, Augen, Ader, Zahnarzt, Massage, Husten, Krankenhaus, Thermometer, Röntgen, Herz, Brille, Ohren, Spritze, Grippe, Fieber, Operation

Senkrecht: Urin, Blut, Niere, Galle, Watte, Tropfen, Lunge, Krankenwagen, Verband, Krankenschwester

Übungen:

1. Magen, Augen, Ader, Herz, Ohren, Niere, Galle, Lunge

2. 1. Magen 2. Thermometer 3. Brille 4. Krankenschwester 5. Spritze
6. Ultraschall 7. Operation 8. Massage

3. 1. Optiker 2. Medikamente 3. Wunde 4. Zahnarzt 5. Krankenwagen

4. Optiker – Brille, Medikament – Apotheke, Wunde – Verband, Fieber – Thermometer, Rückenschmerzen – Massage, Lunge – Luft, Unfall – Krankenwagen, Zahnarzt – Füllung, Röntgen – Knochen, Blut – Ader

5. 1. ja 2. ja 3. nein 4. ja 5. ja 6. ja 7. nein

10. Haushalt

P	H	K	U	E	H	L	S	C	H	R	A	N	K	
F	A	O	S	I			T		E					
A	N	C	P	M			A		R					
N	D	H	U	E			U		D		T		S	
N	T	L	E	R		B	A	C	K	O	F	E	N	
E	U	O	L	M	B	E	S	E	N	A	P		I	S
S	C	E	M	U	U	B	A	S	W	F	F		F	C
P	H	F	I	E	E	U	U	C	A	F			E	H
U		F	T	L	G	E	G	H	S	E		G		U
E	K	E	T	L	E	G	E	A	C	E	S	A		E
L	A	L	E	B	L	E	R	U	H	M	I		B	S
M	N	M	L	E	E	L		F	M	A	E	E	B	S
A	N	E		U	I	B		E	A	S	B	L	U	E
S	E	S	L	T	S	R		L	S	S			E	L
C		S	A	E	E	E		C	H	M		R		
H		E	P	L	N	T		H	I	I		S		
I		R	P			T		I	N	X		T		
N		E	T	A	S	S	E	N	E	E		E		
E		N	T	O	A	S	T	E	R	R				
W	A	E	S	C	H	E	T	R	O	C	K	N	E	R

Waagerecht: Kühlschrank, Backofen, Besen, Tasse, Toaster, Wäschetrockner
Senkrecht: Pfanne, Spülmaschine, Handtuch, Kanne, Kochlöffel, Messer, Spülmittel, Lappen, Eimer, Müllbeutel, Bügeleisen, Bügelbrett, Staubsauger, Schaufel, Herd, Waschmaschine, Kaffeemaschine, Topf, Sieb, Mixer, Gabel, Seife, Bürste, Schüssel
Übungen:
1. 1. Zum Kochen und Braten: Kühlschrank, Backofen, Toaster, Pfanne, Kochlöffel, Herd, Kaffeemaschine, Topf, Sieb, Mixer
2. Zum Putzen und Müll beseitigen: Besen, Lappen, Eimer, Müllbeutel, Staubsauger, Schaufel, Bürste
3. Zum Waschen, Bügeln und Geschirrspülen: Wäschetrockner, Spülmaschine, Waschmaschine, Bügelbrett, Bügeleisen
4. Zum Essen und Trinken: Tasse, Kanne, Messer, Gabel, Schüssel
5. Zum Baden und Duschen: Handtuch, Seife
2. 1. Pfanne 2. Seife 3. Kaffeemaschine 4. Waschmaschine
  3. 1. Pfanne 2. Staubsauger 3. Kühlschrank 4. Bügeleisen 5. Toaster 6. Mixer 7.Wäschetrockner 6. Handtuch

11. Plätze in der Stadt

R		J	B		P							C		D
A	B	U	A	P	O	T	H	E	K	E		A		I
T	A	W	N		S						T	F		S
H	U	E	K		T						H	E		K
A	M	L		F							E			O
U	A	I		L	S	U	P	E	R	M	A	R	K	T
S	R	E		O							T		S	H
	K	R		H	M	U	S	E	U	M	E		C	E
	T			M			K	I	N	O	R		H	K
E	I	N	K	A	U	F	S	Z	E	N	T	R	U	M
			R	B	A	H	N	H	O	F		L	B	
			K	Z	A	H	N	A	R	Z	T	E	A	
			T	M	E	T	Z	G	E	R	E	I	E	
K	I	N	D	E	R	G	A	R	T	E	N			C
B	U	S	H	A	L	T	E	S	T	E	L	L	E	K
		F	R	I	S	O	E	R				B	E	
	S	C	H	W	I	M	M	B	A	D			I	R
F	I	T	N	E	S	S	S	T	U	D	I	O	S	E
S	P	O	R	T	P	L	A	T	Z			T	I	
	R	E	S	T	A	U	R	A	N	T		R		
P	A	R	K	P	L	A	T	Z				O		
		B	L	U	M	E	N	L	A	D	E	N		
T	I	E	F	G	A	R	A	G	E					

Apotheke, Supermarkt, Museum, Kino, Einkaufszentrum, Bahnhof, Zahnarzt, Metzgerei, Kindergarten, Bushaltestelle, Frisör, Schwimmbad, Fitnessstudio, Sportplatz, Restaurant, Parkplatz, Blumenladen, Tiefgarage

Senkrecht:

Rathaus, Baumarkt, Juwelier, Bank, Flohmarkt, Post, Theater, Café, Schule, Bistro, Diskothek, Bäckerei

Übungen

1. 1. Juwelier   2. Flohmarkt   3. Restaurant   4. Apotheke   5. Fitnessstudio   6. Tiefgarage   7. Bushaltestelle   8. Post   9. Blumenladen   10. Bank

2. 1. nein   2. ja   3. ja   4. ja   5. ja   6. ja   7. ja   8. nein   9. ja 10. nein   11. ja

3. **der**: Supermarkt, Bahnhof, Zahnarzt, Kindergarten, Frisör, Sportplatz, Parkplatz, Blumenladen, Baumarkt, Juwelier

die: Apotheke, Metzgerei, Bushaltestelle, Tiefgarage, Bank, Post, Schule, Diskothek, Bäckerei

das: Museum, Kino, Einkaufszentrum, Schwimmbad, Fitnessstudio, Restaurant, Rathaus, Theater, Café, Bistro **4.** 1. Restaurant   2. Einkaufszentrum   3. Baumarkt   4. Blumenladen   5. Fitnessstudio   6. Tiefgarage   7. Zahnarzt   8. Bäckerei   9. Rathaus   10. Bahnhof

12. Adjektive

D					L	A	U	T					M	B
U	S	C	H	W	A	C	H	R					O	E
E	D	A	K		G	R	O	S	S				E	K
N	U	E	U		E		C						G	A
N	M	S	R		O		K	A	L	T			L	N
	M	S	Z		E	G	E	I	Z	I	G		I	N
		L			F		N						C	T
		I			F	B	R	E	I	T			H	
R	E	I	C	H		N	U	H	O	C	H		O	
		H	M	A	E	N	N	L	I	C	H		R	
					T	T			F			A	D	
S	C	H	W	A	R	Z			L			R	E	
H	O	E	F	L	I	C	H		U			T	N	
			T	C	S	A	U	B	E	R		T		
		S	C	H	N	E	L	L	S	H	E	L	L	
P	U	E	N	K	T	L	I	C	H	S		I		
			I					I			C			
			G					G						
G	L	U	E	C	K	L	I	C	H					

Waagerecht: laut, schwach, groß, kalt, geizig, breit, reich, hoch, männlich, schwarz, höflich, sauber, schnell, hell, pünktlich, glücklich

Senkrecht: dünn, dumm, hässlich, kurz, alt, richtig, geöffnet, bunt, trocken, flüssig, hart, möglich, ordentlich, bekannt

Übungen

1.

1. laut	2. schwach	3. groß	4. kalt
5. breit	6. reich	7. männlich	8. sauber
9. schnell	10. hell	11. dünn	12. hässlich
13. kurz	14. richtig	15. bunt	16. trocken
17. flüssig	18. hart		

2. 1. schwach 2. bunt 3. hoch 4. möglich
5. pünktlich 6. geöffnet 7. richtig 8. höflich
9. geizig

3. 1. ja 2. nein 3. ja 4. ja 5. ja 6. nein 7. ja 8. nein 9.ja
10. nein

4. individuell

5. 1. hoch 2. trocken 3. hart 4. groß 5. kurz

13. Familie

T	A	N	T	E		S	C	H	W	A	G	E	R		
S		E	L	T	E	R	N				R	P			
C		F	K	K	U	S	I	N	E		O	S	A		
H		F	I						O		S	C	R		
W		E	N	K	E	L	S	O	H	N	S	H	T	U	
E			D					P		K	M	W	N	R	
S				B		A				E	U	I	E	E	
T	K			G	R	O	S	S	E	L	T	E	R	N	
E	U				U	M					T	G		K	
R	S				D	A					E	E		E	
N	I	C	H	T	E						R	R		L	
	N				R							M			
E	N	K	E	L	K	I	N	D				U			
				G	R	O	S	S	V	A	T	E	R		
	S	C	H	W	I	E	G	E	R	V	A	T	E	R	
			G	R	O	S	S	M	U	T	T	E	R	N	
U	R	G	R	O	S	S	V	A	T	E	R	R			
S	C	H	W	A	E	G	E	R	I	N					
S	T	I	E	F	E	L	T	E	R	N					
S	C	H	W	I	E	G	E	R	E	L	T	E	R	N	
			A	D	O	P	T	I	V	K	I	N	D		
	P	F	L	E	G	E	K	I	N	D					
	E	N	K	E	L	T	O	C	H	T	E	R			

Waagerecht: Tante, Schwager, Eltern, Kusine, Enkelsohn, Großeltern, Nichte, Enkelkind, Großvater, Schwiegervater, Großmutter, Urgroßvater, Schwägerin, Stiefeltern, Schwiegereltern, Adoptivkind, Pflegekind, Enkeltochter
Senkrecht: Schwester, Kusin, Neffe, Kind, Bruder, Oma, Opa, Onkel, Großmutter, Schwiegermutter, Partner, Urenkel

Übungen
1. 1. Tante   2. Kusine/Cousine   3. Kusin/Cousin   4. Neffe 5. Schwager
6. Schwiegereltern   7. Enkeltochter/Enkelin   8. Schwiegermutter
9.Urgroßmutter   10. Nichte
   2. 1. Schwager   2. Opa   3. Urgroßvater   4. Onkel   5. Neffe 6.Enkelsohn
      7. Vater   8. Kusin/Cousin   9. Schwiegervater   10. Schwiegersohn**3.** 1.
      Schwägerin   2. Partner   3. Schwiegermutter

14. Angaben zur Person

F			V	O	R	N	A	M	E		P	K	S	G
A	D	R	E	S	S	E					A	I	T	E
M			T	T	L	A	N	D			S	N	A	B
I			R	A	L	T	E	R			S	D	A	U
L			A	D							F	E	T	R
I			S	T							O	R	S	T
E	H	A	U	S	N	U	M	M	E	R	T		A	S
N		L	E	D	I	G					O		N	O
N	P	O	S	T	L	E	I	T	Z	A	H	L	G	R
A	G	E	B	U	R	T	S	D	A	T	U	M	E	T
M	V	E	R	H	E	I	R	A	T				H	F
E		H	E	I	S	S	E	N					O	O
F	A	M	I	L	I	E	N	S	T	A	N	D	E	R
G	E	S	C	H	I	E	D	E	N				R	M
	G	E	B	U	R	T	S	N	A	M	E		I	U
M	U	T	T	E	R	S	P	R	A	C	H	E	G	L
B	U	C	H	S	T	A	B	I	E	R	E	N	K	A
	F	R	E	M	D	S	P	R	A	C	H	E	E	R
A	N	M	E	L	D	U	N	G					I	
			V	E	R	W	I	T	W	E	T		T	
G	E	B	O	R	E	N		T	E	L	E	F	O	N
H	E	I	M	A	T			B	E	R	U	F		

Waagerecht: Vorname, Adresse, Land, Alter, Hausnummer, ledig, Postleitzahl, Geburtsdatum, verheiratet, heißen, Familienstand, geschieden, Geburtsname, Muttersprache, buchstabieren, Fremdsprache, Anmeldung, verwitwet, geboren, Telefon, Heimat, Beruf

Senkrecht: Familienname, Straße, Stadt, Passfoto, Kinder, Staatsangehörigkeit, Geburtsort, Formular

Übungen

1. individuell

2. 1. Wie alt sind Sie?   2. Wie heißen Sie?   3. Welche Staatsangehörigkeit haben Sie?
4. Haben Sie Kinder?   5. Wann sind Sie geboren?   6. Wo sind Sie geboren?   7. Wo wohnen Sie?
Wie ist Ihre Adresse?   8. Sind Sie verheiratet? 9. Was sind Sie von Beruf? 10. Welche
Fremdsprachen sprechen Sie?   11. Welche Muttersprache sprechen Sie?

3. 1. Passfoto   2. Muttersprache   3. geschieden
4. Formular   5. Geburtsort   6. verwitwet   7. Buchstabieren   8. Geburtsname

4. 1. Vorname   2. Fremdsprache   3. ledig   4. Postleitzahl
5. buchstabieren   6. Hausnummer   7. Familienstand

15. Kinder

W	S	C	H	N	U	L	L	E	R	E	B	A	B	Y
I	P	S	C	H	A	U	K	E	L	R	B	A	L	L
N	I	R	U	T	S	C	H	E		Z				
D	E		K	I	N	D	E	R	S	I	T	Z		
E	L	F	I	P	U	P	P	E		E				S
L	P	U	N	E	L	T	E	R	N	H				A
	L	E	D	R	E	I	R	A	D	U		W		N
W	A	T	E			K	L	E	I	N	K	I	N	D
I	T	T	R	S	I	N	G	E	N	G		C		K
P	Z	E	G	E	B	U	R	T				K		A
P	K	R	A	B	B	E	L	N				E		S
E		N	R	S	P	I	E	L	E	N		L		T
	S	T	U	B	E	N	W	A	G	E	N			E
S	P	I	E	L	Z	E	U	G	L	E	R	N	E	N
		N	G	I	T	T	E	R	B	E	T	T		
S	C	H	U	L	T	U	E	T	E					
		S	C	H	L	A	F	L	I	E	D			
R	E	C	H	N	E	N	H	U	E	P	F	E	N	

Waagerecht: Schnuller, Baby, Schaukel, Ball, Rutsche, Kindersitz, Puppe, Eltern, Dreirad, Kleinkind, singen, Geburt, krabbeln, spielen, Stubenwagen, Spielzeug, lernen, Gitterbett, Schultüte, Schlaflied, rechnen, hüpfen

Senkrecht: Windel, Wippe, Spielplatz, füttern, Kindergarten, Erziehung, wickeln, Sandkasten

Übungen:
1. Dreirad – fahren, Windel – wickeln, Sandkasten – spielen, Stubenwagen – schlafen, Schlaflied – singen, Schnuller – saugen,
2. 1. Schultüte, 2. Gitterbett, 3. Geburt, 4.Schlaflied
3. 1.nein 2.nein 3. ja 4. ja 5. nein 6. ja 7. nein
4. 1. krabbeln 2. Ball 3. Kindergarten 4. Spielzeug 5. Schultüte 6. Schlaflied
5. 1. Windeln 2. Gitterbett 3. Eltern 4. Geburt 5. Wippe 6. Kindersitz
    7. Kleinkind 8. Stubenwagen 9. hüpfen 10. wickeln

16. Ämter und Behörden

S	T	A	N	D	E	S	A	M	T		K	A		W
	N		G	E	B	U	E	H	R	R	N			A
	T	F	R	I	S	T	L				E	M		R
	R						D				I	E		T
	R	A	T	H	A	U	S	E			S	L		E
	G			B	A	U	A	M	T		V	D		L
M	A	H	N	U	N	G		M			E	U	E	I
F	I	N	A	N	Z	A	M	T			R	N	R	S
O	R	D	N	U	N	G	S	A	M	T	W	G	N	T
	B	W	O	H	N	G	E	L	D		A	R	G	E
	E			D	A	T	U	M			L	J	E	
	A	M	T	S	G	E	R	I	C	H	T	O	L	
	M				R						U	B	D	
	T		A	B	M	E	L	D	E	N	C			
	E			K	I	N	D	E	R	G	E	L	D	
	R	J	U	G	E	N	D	A	M	T		N		
L	O	H	N	S	T	E	U	E	R			T		
B	U	E	R	G	E	R	M	E	I	S	T	E	R	
A	U	S	K	U	N	F	T					R		
M	E	H	R	W	E	R	T	S	T	E	U	E	R	
	F	U	E	H	R	E	R	S	C	H	E	I	N	
P	U	E	N	K	T	L	I	C	H					

Waagerecht: Standesamt, Gebühr, Frist, Rathaus, Bauamt, Mahnung, Finanzamt, Ordnungsamt, Wohngeld, Arge, Datum, Amtsgericht, abmelden, Kindergeld, Jugendamt, Lohnsteuer, Bürgermeister, Auskunft, Mehrwertsteuer, Führerschein, pünktlich

Senkrecht: Beamter, Antrag, Termin, Meldeamt, Kreisverwaltung, Anmeldung, Jobcenter, Elterngeld, Warteliste

Übungen
1.   1C, 2F, 3G, 5B, 6J, 7H, 8A, 9D

2.   1. Führerschein   2. pünktlich   3. Kreisverwaltung   4. abmelden
5. Mehrwertsteuer   6. Beamte

3.   1. Datum   2. Frist   3. Rathaus 4. Auskunft   5. Gebühr 6. Mahnung
7. Antrag   8. Bürgermeister   9. Warteliste
   4. 1B, 2E, 3D, 4C, 5A

17. Feste

O		G	E	S	C	H	E	N	K	B		J		G
S	W	E	I	H	N	A	C	H	T	E	N	U	O	L
T	G	B		O						T	K	B	K	U
E	R	U		C	M	U	S	I	K	R	A	I	T	E
R	A	R		H						I	R	L	O	C
N	T	T		Z	G	A	E	S	T	E	N	A	B	K
G	U	S		E					A	B	E	E	E	W
R	L	T	K	I	R	M	E	S	N	S	V	U	R	U
I	I	A	O	T					Z	A	A	M	F	E
L	E	G	S	S					E	U	L		E	N
L	R		T	T					N	S			S	S
F	E		U	A	W	E	I	N	F	E	S	T	C	
E	N		E	G	S	P	I	E	L	E		S	H	
S			M	V	E	R	L	O	B	U	N	G	I	E
T		N	A	M	E	N	S	T	A	G		L		
S	T	R	A	S	S	E	N	F	E	S	T		V	
	V	E	R	K	L	E	I	D	E	N			E	
				G	A	R	T	E	N	F	E	S	T	
E	R	N	T	E	D	A	N	K	F	E	S	T	T	
	K	I	N	D	E	R	F	E	S	T		E		
F	O	T	O	G	R	A	F	I	E	R	E	N	R	
				N	I	K	O	L	A	U	S			
O	S	T	E	R	H	A	S	E	E					

Waagerecht: Geschenk, Weihnachten, Musik, Gäste, Kirmes, Weinfest, Spiele, Verlobung, Namenstag, Straßenfest, verkleiden, Gartenfest, Erntedankfest, Kinderfest, fotografieren, Nikolaus, Osterhase

Senkrecht: Ostern, Grillfest, gratulieren, Geburtstag, Kostüm, Hochzeitstag, tanzen, Betriebsausflug, Karneval, Jubiläum, Oktoberfest, Silvester, Glückwünsche

Übungen:

1. 1.Erntedankfest 2. Tag der Deutschen Einheit 3. Weihnachten 4. Silvester
5. Karneval 6. Ostern

2. 1. Nikolaus 2. Firma 3. Kostüm 4. Straßenfest 5. Computer 6. Feuerwerk
7. Tannenbaum

3. 1. ja 2. nein 3. nein 4. ja 5. nein 6. ja 7. ja 8. nein 9. ja

4. 1. Jubiläum 2. Betriebsausflug 3. Straßenfest 4. Weinfest 5. Karneval
7. Nikolaus

18. Reisen

1	2	3	4	5	6	7	8	9	10	11	12	13	14	15
M	I	T	T	E	L	M	E	E	R					
U	H	O	T	E	L		I			F				
S	U					S	B	Z	E	L	T			
E	R	E	I	S	E	L	E	I	T	E	R	P	B	
U	I	N	A	T	U	R	N	S	U	A	I	O	A	
M	S	C	H	I	F	F	B	T	R	B	E	S	U	
	S	T	R	A	N	D	L	A	R	L	E	N	T	E
C	R	E		U		U	H	O	A	N	W	K	R	
A	E	N		T		G	N		U	T	O	A	N	
M	S		Z	O	L	L	Z			B	E	H	R	H
P	T	W	U	E	S	T	E			U	N	T	O	
I	A				K	U	E	S	T	E	U	E	F	
N	U		B	E	R	G	E			R	N			
G	R		U		D	S	C	H	U	N	G	E	L	
	A		S		K	O	F	F	E	R				
	N		R											
	T		R	E	I	S	E	B	U	E	R	O		
			I		W	A	N	D	E	R	N			
	P	E	N	S	I	O	N							
			E											

Waagerecht: Mittelmeer, Hotel, Zelt, Reiseleiter, Natur, Schiff, Strand, Zoll, Wüste, Küste, Berge, Dschungel, Koffer, Reisebüro, wandern, Pension

Senkrecht: Museum, Camping, Restaurant, Touristen, Auto, Busreise, Flugzeug, Eisenbahn, Bistro, Urlaub, Abenteuer, Ferienwohnung, Postkarte, Bauernhof

Übungen:

1.   1. Mittelmeer   2. Dschungel   3. Camping   4. Abenteuer   5. Ferienwohnung
6. Reiseleiter   7. Museum   8. Pension   9. Koffer   10. Wüste

2.   1. Reisebüro   2. Touristen   3. Eisenbahn   4. wandern   5. Zoll

3.   A5   B2   C1   D4   E3

19. Sprache und Grammatik

	W		A	D	J	E	K	T	I	V			G	R
N	O	M	E	N			D	I	A	L	O	G	E	E
A	R	V					B	R	I	E	F		N	C
K	T	E	X	T		S	C	H	R	I	F	T	I	H
K	D	R			L	E	S	E	N				T	T
U	I	B		A	R	T	I	K	E	L			I	S
S	K			U			D	A	T	I	V		V	C
A	T	D	I	S	K	U	T	I	E	R	E	N		H
T	A			S		N	E	U	T	R	U	M	F	R
I	T			P	R	O	N	O	M	E	N		E	E
V	S	C	H	R	I	F	T	L	I	C	H		M	I
			S	A	T	Z	P	U	N	K	T		I	B
				C	R	A	E	T	S	E	L		N	U
				H			M	A	S	K	U	L	I	N
		M	U	E	N	D	L	I	C	H			N	G
H	O	E	R	V	E	R	S	T	E	H	E	N		
K	O	M	M	A		E	R	Z	A	E	H	L	E	N
	W	O	E	R	T	E	R	B	U	C	H			

Waagerecht: Adjektiv, Nomen, Dialog, Brief, Text, Schrift, lesen, Artikel, Dativ, diskutieren, neutrum, Pronomen, schriftlich, Satz, Punkt, Rätsel, maskulin, mündlich, Hörverstehen, Komma, erzählen, Wörterbuch

Senkrecht: Akkusativ, Wort, Diktat, Verb, Aussprache, Genitiv, feminin, Rechtschreibung

Übungen:

1. 1. Adjektive: schön, gut, grün, braun
2. Nomen: Schrank, Kopf, Baum, Frau, Tomate, Fisch, Teller, Kalender
3. Artikel: der, ein, eine, das
4. Pronomen: sie, wir, er, du, es, ich
5. Verb: schlafen, lesen, schreiben, denken, trinken, angeln, rufen

2. 1. Dialog 2. Wörterbuch 3. mündlich 4. Schrift 5. Hörverstehen
6. maskulin, feminin, neutrum 7. Diktat

3. 1. Brief 2. Text 3. diskutieren 4. Punkt 5. Wörterbuch 6. Aussprache

20. Gefühle

H			N			F	R	E	U	D	E	A	P	W
A	L	I	E	B	E			H		R	E	A	U	
S		E	I	N	S	A	M	E	N		S	R	N	E
S	F		D			N		K	E		C	G	I	T
T	R	A	U	R	I	G		T	R		H	E	K	E
	O					S		I	V		O	R		N
	E					T	S	S	O		E			D
	H	W				T	C	E			P		V	
	L	U	S	T	I	G	R	H	S		F		E	
	I	T	G	E	F	U	E	H	L		T		R	
	C					S	A	U	E	R		L		
	H	E	I	F	E	R	S	U	E	C	H	T	I	G
M	U	E	D	E	N	T	S	P	A	N	N	T	E	L
U	B	E	G	E	I	S	T	E	R	T		B	U	
T		A	G	G	R	E	S	S	I	V		T	E	
U	E	B	E	R	A	R	B	E	I	T	E	T		C
		V	E	R	Z	W	E	I	F	E	L	T		K
		D	E	P	R	E	S	S	I	O	N			

Waagerecht: Freude, Liebe, einsam, traurig, lustig, Mitgefühl, sauer, eifersüchtig, müde, entspannt, begeistert, aggressiv, überarbeitet, verzweifelt, Depression

Senkrecht: Hass, Mut, fröhlich, Wut, Neid, Angst, Stress, hektisch, nervös, erschöpft, Ärger, Panik, verliebt, wütend, Glück

Übungen:

1. A. begeistert B. traurig C. wütend D. hektisch E. entspannt F. fröhlich
G. erschöpft

2. Angst – Mut, entspannt – nervös, fröhlich – traurig, Freude – Ärger, Liebe –Hass

3. 1. ja 2. nein 3. ja 4. ja / nein 5. nein 6. ja 7. ja 8. nein

4. 1. lustig 2. aggressiv 3. überarbeitet 4. verzweifelt 5. Depression 6. Hass
7. Neid 8. Panik 9. Glück 10. wütend 11. Mitgefühl 12. sauer 13. müde

21. Politik

B		S	P	D				B	K	O	E	N	I	G
U		G	R	E	N	Z	E	U					H	
N	P	E	A	M	A	B	U	N	D	E	S	T	A	G
D	A	S	E	O	T			D				A	U	M
E	R	E	S	K	I			E				R	P	O
S	L	T	I	R	O			S			D	M	T	N
K	A	Z	D	A	N	P	A	R	T	E	I	E	S	A
A	M		E	T	A			A			K	E	T	R
N	E		N	I	L			T			T		A	C
Z	N		T	E	I						A		D	H
L	T			S	T	E	U	E	R		T		T	I
E	U	N	O	W	A	E	H	L	E	N	U			E
R			F	R	E	I	H	E	I	T	R		M	
M	I	N	I	S	T	E	R		N	A	T	O	E	E
	B	U	N	D	E	S	L	A	N	D			H	U
N	A	C	H	B	A	R	L	A	E	N	D	E	R	R
	A	B	S	T	I	M	M	U	N	G			H	O
I	N	N	E	N	P	O	L	I	T	I	K		E	P
D	I	E	G	R	U	E	N	E	N				I	A
			W	I	R	T	S	C	H	A	F	T	T	

Waagerecht: SPD, König, Grenze, Bundestag, Partei, Steuer, UNO, wählen, Freiheit, Minister, NATO, Bundesland, Nachbarländer, Abstimmung, Innenpolitik, die Grünen, Wirtschaft

Senkrecht: Bundeskanzler, Parlament, Gesetz, Präsident, Demokratie, Nationalität, Bundesrat, Diktatur, Armee, Hauptstadt, Mehrheit, Monarchie, Europa

Übungen:

1. 1. Gesetz 2. Diktatur 3. Grenze 4. Bundesland 5. Monarchie
6. Nationalität 7. Die Grünen 8. Armee 9. Hauptstadt 10. Europa

2. 1. nein 2. nein 3. nein 4. ja 5. ja 6. ja 7. ja 8. nein 9. ja 10. ja

3. 1. AOK 2. Grenze 3. Europa 4. Bundeskanzler 5. Einkaufszettel
6. Steuerrad

4. Bundestag, Bundesland, Bundesrat, Bundesrepublik, Bundeshauptstadt
Staatsanwalt, Staatsangehörigkeit, Staatskasse, Staatsbürgerschaft

22. Tiere

P	Z	I	E	G	E			S	C	H	A	F	S	
F	K	U	H					C					C	E
E		H	A	S	E			H	U	N	D		H	L
R	S	C	H	W	E	I	N	I					W	E
D			N					L					A	F
H	A	M	S	T	E	R		D		H	U	H	N	A
	G	A	N	S				K	A	T	Z	E		N
		U	T	I	G	E		R	A	T	T	E		T
		S				P	O	N	Y		S			
	K	A	N	I	N	C	H	E	N			E		A
K	A	M	E	L				T			Z	L		M
			O					E	N	T	E			E
B	I	E	N	E						B				I
			W		L	A	M	A		R				S
			E							T	A	U	B	E

Waagerecht: Ziege, Schaf, Kuh, Hase, Hund, Schwein, Hamster, Huhn, Gans, Katze, Tiger, Ratte, Pony, Kaninchen, Kamel, Ente, Biene, Lama, Taube

Senkrecht: Pferd, Maus, Hahn, Löwe, Schildkröte, Zebra, Esel, Schwan, Pinguin, Elefant, Ameise

Übungen:

1. Ziege – meckern, Hund – bellen, Katze – miauen, Schwein – grunzen, Huhn – gackern, Hahn – krähen, Biene – summen, Löwe – brüllen, Gans – schnattern, Maus – piepsen

2. 1. Hahn 2. Löwe 3. Schildkröte 4. Zebra 5. Schwan 6. Pinguin 7. Esel

3. 1. ja 2. nein 3. ja 4. ja 5. nein 6. ja 7. nein 8. ja 9. ja 10. nein

4. A4, B3, C1, D5, E2

Suchen und Lernen
Suchrätsel und Übungen zu 22 Themen

Zielgruppe:

Lerner in Integrationskursen Deutsch als Zweitsprache und Lerner in anderen Deutschkursen

Didaktische Überlegungen:

Suchrätsel machen den Lernern Spaß. Sie motivieren zum Lernen oder Wiederholen. Das eigene Entdecken ist spannend. Suchrätsel fördern die Rechtschreibung, weil die Lerner sich jedes Wort und jeden Buchstaben genau betrachten müssen. Das Suchrätsel besteht aus zwei Aufgaben: 1. das Finden der Wörter 2. das Umsetzen des Rätsels, das nur aus Großbuchstaben besteht, in normale Schrift mit Groß- und Kleinschreibung. Das ist eine gute Gelegenheit, auf die Wortarten und die Groß- und Kleinschreibung hinzuweisen. Anschließend werden die Wortbedeutungen besprochen und geübt. Die folgenden zwei Übungsseiten dienen dann der Kontrolle des Gelernten. Die Übungen sind unterschiedlich gestaltet, es ist für Abwechslung in den Übungsformen gesorgt.

Einsatz im Unterricht:

Die Aufgaben sind vielseitig einsetzbar und können an verschiedene Niveaustufen angepasst werden. Die einzelnen Themen sind in sich abgeschlossen. Daher eignet sich das Material auch gut für Kurse ohne Progression, wie Förderkurse, Wiederholerkurse, etc. , außerdem für Vertretungsstunden oder als Hausaufgabe sowie als Ergänzung zum Lehrbuch.
Beispiel für Binnendifferenzierung:

Schwache Lerner erhalten die Lösungswörter und finden sie im Rätsel.
Lerner mit mittlerem Niveau finden die meisten Wörter selbstständig und der Kursleiter schreibt dann die Lösungswörter an die Tafel, auch zur Kontrolle der Rechtschreibung.
Lerner mit höherem Niveau arbeiten selbstständig und benützen den Tafelanschrieb nur zur Endkontrolle.
Sehr fortgeschrittene Lerner können weitere Wörter zum Thema suchen, die Artikel selbst ergänzen, eigene Sätze bilden etc.

Selbstlerner:
Durch den Lösungsteil ist das Übungsbuch auch zum Selbstlernen geeignet.

94